AWARD

PACIFIC BOOK AWARDS

2019 FINALIST – BEST POETRY

You, Me ... and Us

Written by: Moctezuma Braussi

Awarded by Pacific Book Awards on May 20th, 2019

FINALIST

CEO/President

Editor in Chief

BOOK REVIEWS

-"…These poems are very valuable and they will endure within our national literature"-.

—René Marqués
Puerto Rican Playwright
Author of "The Oxcart" (La Carreta)

-"Steamy and exotic at times, the poetry is sultry and passionate."

"… is romantic throughout and the expressive use of imagery brings this to a poetic masterpiece and is very seductive."

"…with lines such as 'whisper of kisses on a warm bed', the story focuses on romantic and erotic behavior."

"Tastefully done, with artistic wordsmithing…"

"… it is a passionate, literary masterpiece"-.

—Reviewed by: Jason Brye
Pacific Book Review

-"Braussi combines a refreshingly honest take on the passionate shades of love with a spectacular display of figurative language ranging from majestic phrases of personification to metaphors that imbue the compilation with stirring energy. We have here a literary masterpiece poetry book"-.

—Reviewed by: Mihir Shah
The US Review of Books

YOU, ME ...
AND US

THIRTY-7 MOMENTS OF
LOVE, PASSION, BETRAYAL, AND SCORN

MOCTEZUMA
BRAUSSI

1603 Capitol Ave., Suite 310 Cheyenne, Wyoming USA 82001
1-888-980-6523 | admin@urlinkpublishing.com

URLink Print and Media is committed to excellence in the publishing industry.

Book design copyright © 2019 by URLink Print and Media. All rights reserved.

Published in the United States of America
ISBN 978-1-64367-883-2 (Paperback)
ISBN 978-1-64367-882-5 (Digital)

Erotic/Visual Poetry

27.09.19

CREDITS

Cover photo by:
Rafi Claudio Studio - based on visual concepts by Moctezuma Braussi

Photographs by:
Rafi Claudio Studio - based on visual concepts by Moctezuma Braussi

Design and Graphic Art by:
Juan Carlos Medina – based on visual concepts by Moctezuma Braussi

Additional Photography/Drawings:
Moctezuma Braussi
Stephano
Andrew McCarthy – Astro Photographer

Flag and general props:
Zayda Cuadrado

Models:
Leyla Zahar
Alexander Pabón
Denisse Milián Rodríguez
Jorcelie Agosto
Wilbert Valdivieso
Jacqueline Ávila
Moctezuma Braussi
Julia Elizabeth

Make-Up Artist
Alexander Pabón

Producer/Consultant
Julia ElizabethYoung

Executive Producer/Director:
Moctezuma Braussi

e-mail: <u>MoctezumaBraussi@gmail.com</u>

Legal Representation: Carlos Geigel Bunker, Attorney-at-Law

RENÉ MARQUÉS GARCÍA, RIP
FRIEND, AUTHOR, CRITIC AND SPONSOR

JOSÉ M. LACOMBA ECHANDI
MENTOR, FRIEND, CRITIC
AND ADVISOR

JULIA ELIZABETH YOUNG
PRODUCER/CONSULTANT

CONTENTS

QUESTIONING LIFE

FURROWS IN THE FIELD

YOUR SCENT IS NOT LOST

LOVE… DEFINING YOU BRINGS ME TO A PAUSE

MEDITATING ON EXISTENCE

AND NOW THE STORYTELLER…

"AND I PLAYED SOLO AS WE DID DUET…
UNHURRIED, WITH NO TRIVIAL DESIGNS."

PREFACE

At the age of three, I *discovered* my penis. When I was five, I *wrote* my first poem. Was I a precocious child?

Reaching ten (due to that sensual encounter with my female neighbor) I felt and experienced for the first time, that moment of intimacy, the feeling and the passion of that unique, pure, **physical** act of love.

Then at twelve, I sensed how *essential* it was for me to know '*who am I*', and to fully understand *why* I should be *"who"* I wanted to *be*. I began to accept the fact that you cannot change what life has given to you, but you can modify it at the end of the road.

Being fourteen, among other devilish pranks I had done, I challenged myself once again. I did what no one would ever dare to do in that time. I performed the incredible feat of jumping over the top of a green Volkswagen car for the amazement of hundreds of my friends and peers. I had proven to myself that there were no impossible obstacles that I could not overcome.

In my twenties, I knew it was time to move forward, to stand tall and end my unresolved issues. I left being a *rebellious* teenager to become that *assertive* man, one with a defined commitment in its various manifestations. I analyzed the imperative and conscience awareness of my identity. I learned to love my country above all things and the *significance* of continuing fighting for the collective struggle of dignity and commitment, sovereignty, freedom, uncompromised social justice and deserved welfare for human kind.

I had come to terms that everything in life *transcends*. Thus, we come across unusual experiences and changes that *fate* allows us to encounter in this intense but brief path that lies ahead in our journey.

Today, I am welcoming the beautiful sunset at the end of that immense pacific sea; *I am* pursuing new dreams, goals and objectives. *Now,* in this new venture I stand humbly before you, as *the writer*, in my *first* poetry book (including 2 fragments of two stories in anticipation of my second book of short stories).

Finally, here are the feelings, anecdotes and stories of all of you, those of others, and of course… why not? Mine also.

MOCTEZUMA BRAUSSI

The Aztecan Jaguar

ACKNOWLEDGEMENTS

RENÉ MARQUÉS GARCÍA, RIP
PLAYWRIGHT, FRIEND, CRITIC AND SPONSOR

PROF. JOSE M. LACOMBA ECHANDI
PRODUCER, AUTHOR, CRITIC
AND CANVAS PAINTER

JULIA ELIZABETH YOUNG
PRODUCER/CONSULTANT

DAVID A. AUERBACH
TRANSLATOR/EDITOR

LEYLA ZAHAR
LEYLA ZAHAR BELLY DANCE
ARTISTIC DIRECTOR & TEACHER

ALEXANDER PABON
MAKE-UP ARTIST/MODEL

RAFI CLAUDIO
PHOTOGRAPHER

YOU, ME... AND US

THIRTY-7 MOMENTS
OF LOVE, PASSION,
BETRAYAL AND SCORN

JOIN ME ON THE TRAIL

The trail

(Photo by: Moctezuma Braussi)

QUESTIONING LIFE

**"Life, reluctantly or deliberately
will hit you, shake you and betray you...
Because life is inherently
a riddle of realities."**

MB

CONCEPT BY:
MOCTEZUMA BRAUSSI
PHOTO BY: RAFI CLAUDIO

IN THAT MOMENT OF INDECISION, THE QUESTION FLED BY BEARING AN AFTERTASTE OF DOUBT

When I uncoil myself before
the grandeur of nature,
contemplating the inexpressible,
the transcendence of forms,
the coeternal struggle of dispersed hues
and enamored perfumes,
my ethereal spirit
rejoices in this majestic vision.
Suddenly, the vast magnificence
unsettles and unwinds…
And it happens that my inquisitive heart
whirls in against itself, reflecting on shores
where my barren thoughts
have ceased to wander.

And I wonder:
What purpose can a conscious being
serve within this jumbled existence?
How did we arrive at this chapter of errors?
What resides in this anxiety for perfection?
All probably gibberish
inhabiting human solitude,
canonical concepts reverberating
against the foundations of philosophical reason.
There are times when I question all the squalid waters
that have risen in the city of time,
along the banks of destiny
or in the lordly channels of the future.

And I wonder:
What is beautiful? What is grotesque…?
What common grounds
can be found for judging aesthetics?
If it's true that what pleases one
will be coolly spurned by another.
The true parameters were designed,
unquestionably only to convenience the scholars.
Why or why not?
But in all truth, who am I…?
What end do I serve?
How did I come about…?
What celestial dust brought forth my being?

A birth certificate reveals
that I first saw light in Kings County, New York
and that my father,
a merchant marine by profession,
hails from Guadalajara, Mexico…
But all that seems simply circumstantial.
It happened, and that's that.

My conflict lies elsewhere
and the contradictions gather.
My feelings cannot transcribe
any prophecy or foresee
a final curtain on life.
My concerns lie with
the nescience of fools,
the rejections of the ego
and the gratifications of the superego.

I become unsettled by those
who believe they know everything
yet know nothing
about fractured innocence,
or instantly forget
the fragile ribcage of the child
condemned to starve.
They shut their eyes
to the ineffable massacres of the terrorist,
and the heaps of bloodied witnesses
to a lifeless ideal.

We pass by an endless series
of swiftly exterminated events,
through the death-skirted mist
that hovers above the dried leaves
and the patience of life.

Questioning "Life", I ask,
"What do you feel?"
What do you feel when anger, hatred,
vengeance and rancor are sacrificed
before the firing line of virtue…?
What do you experience when you strip us
of the rags of envy, the crutches of idolatry,
the gantlets of enmity …?
And when we toss the portrait of envy
and the obliquities of deceit
into the flames of trust…?

What is it?
What can one possibly feel
upon seeing benevolence pelted
at the worm-worn doorway of filthy lucre?
If we are baptized
in the slough of lasciviousness
and carve up fealty
with a blade stained by
sorcerous adultery?

Can we be shielded
by the habit of meekness
and the cassock of temperance
against the veiled inebriation of the vices?
Against the infernal excrement
of the black pit
and the orgasmic leper?
Against the nausea of pedophilia
and the lurid convolutions
of sexual preference?

Will the serum of respect
liberate us from the plague of lust?
Will it immunize us against the pox of manslaughter?
Against the lethal sting of the serpent…?
Will we desert like soldiers from the dementia of sadism
or will we hail the lechery of masochism
procreated by that "**one**"
cast down from the heavens …?
Will sin suffer mere erosion
by not being exalted
like some sovereign of scintillation?

"Life" – isn't it true that we will
be sentenced on Judgment Day
to a curse or a blessing
measured by our own misadventures?
Expose yourself, abandon your mute raiment
and tell me how this all came to pass …!
Strip your wisdom of its anonymity.

Point me toward the abode of truth,
the cradle of all facts,
the placenta of all causes.
I want to know step by step,
about the incoherency
that comes to embody thought.
What is the sound of illusion
and the color of pain?

Here, in silence,
I will await your arguments.
I will listen for the improbable secret
and the blistering green apple.
I will be a witness to the cloud
as it's slaughtered by lightening.
I will ensnare the clandestine syllable
in the hollow of a tree trunk
and in ecstasy…
I will write down
the legend of the naked one
and of nakedness stripped bare.

How does it feel?
Answer me, "Life"…
What does the soul feel
to have its sentence pardoned…?
My God, what does it feel!

Is it more beautiful than the flash of a nova
or the innocent joy of a child?
As invincible as love
and exhilarating as peace?
Could that be the ultimate joy of the spirit...?

And "Life" looked into my eyes
with that forlorn, questioning gaze.
At my beardless face adorned only
with a diminutive moustache.
He stared curiously at the faint grin
that suddenly expelled a fickle smile.

And then he caught sight
of my broad chest
and athletic sinews
drawn in golden brown,
not wishing to linger
along the downy trail
descending from my navel
to the gnarled thicket
of the seminal stone.

Alone, his stare penetrated my eyes.
Alone, leaving me suspended
with quivering limbs,
in the magnitude of his domain,
in his solitary legacy.
In the vastness of the water and the wind,
on his firm earth and in the open sky;
a synchronic polyphony of eternities,
in his tranquility endlessly apportioned
like the sweetness of skin.

For an hour that stretched for centuries
that indecisive moment,
his hands like petals of the dawn sentinels gauging
my vertigo in the strange light.
His noble grace washed over me
with a visceral and touching silence.

I inferred the unknown, divining some logic;
as my temples thrummed,
searching for an answer,
yet "Life" stood silent.

I opened the door
heading out to the street
with my hands in my pockets
walking aimlessly.
On that Sunday morning,
the sun and a whim of clouds
awaited the next mass to be sung.

Thoughtless and unquestioning…
My pores exuding
a thistly effervescence.
I only know that I breathed with exhilaration…
Exhaling a sigh of relief.
And the question remained without a trace of any taste.

Concept by:
Moctezuma Braussi

PHOTO BY:
RAFI CLAUDIO

ENIGMA

Let the word disappear
and humanity be silenced.
Let the weak succumb
and truth take its own life…
Let destiny sentence
those who cannot love…
Let death tremble on its haunches
when it spies the Redeemer praying…

Nothing matters, nothing.

Into a tailspin like a hawk
as a new dawn fades
searching for an ideal…
Grasping so far into the infinite
our own immortal goal.
Thinking of purity
with the hope of reaching
some form shaped by tenderness
a sign of love enduring…

Nothing matters, nothing.

What only matters is for us to parry…
and then plunge into oblivion.
What only matters is to be resigned…
to scan the sky and wait
until death has arrived.
What only matters is to screen our eyes…
unlearn the reasons why we live
accepting our demise.

What only matters is to find no matter
in the cruelty of the horde,
the misery of the almighty queen,
or the parvenu who feeds his greed.

What only matters
is that ignorance be sowed
bureaucracy be embraced,
and disdainful evil rouse us on.

What only remains
is for us to shut our eyes…

and let **Him** decide!
?

15

"*In that moment of indecision...*"

PHOTO BY: RAFI CLAUDIO

PEACE

When the Word casts off
its hesitant existentialism...
gender outrages its unequivocal nature,
the dazzling sun at last
expires in darkness...
and the caress of hybrid hands
evokes some sign...
a twilight will descend on all
who have adultered against love,
and no longer persevere
along the path to truth.

When a smile forgets how to be drawn
on lips that have routed its expression ...
and nothingness becomes the spell cast upon all
trimming the void
with a trace of damnation...
an end will be unveiled for those
who have disinherited thought
and diligently castrated their consciences
to escape the sentence of solitude.

When we wonder, quaking,
why ignorance
is exalted as majesty
assimilating machines
and destroying humanity…
When greater weight is given to irony
with its vested interests
and communism throws aside
its humanistic vision…
the endless flight will end
and with it the questions unanswered,
the hollow stares and the fickle torso.

When piety has fled
from the eyes of our heart
abandoning the weak
like carrion to the vulture…
the rainbow forgets
the harmony of its colors
and the rain becomes
scalding ash as it falls…
and everything,
everything has faded and disappeared.

That will be the end of silence
and the muddling of all calm,
as the shadows scornfully
caress death.

When…?
When Life has forsaken Peace.

PHOTO BY:
MOCTEZUMA BRAUSSI

VOICE OF THE SOUL

I am a word
that does not emerge from the shadows
or surface from silence
a word with no sketched contours
yet trimmed by the spiritual.

A word that is absent, when that absence appeals,
of contrived or simple sentences.
Without pauses, commas or periods …
I am a term, an ideology,
reticent or questioning.

I soar without bonds of convention,
soldiering on within nameless borders.
I am a ballad…
a muse, the fertile mother of music.

In a constant lament marked
by joy, ambiguity, irony.
I have a warrior's soul
and the industry of a pacifist…
However in this proscribed dominion
never defied by any man,
I tend toward the communism of Christ, the carpenter.

I bring meaning
to kindness and affection
my roots sustained by the absurd.
No mortal has yet to scale the depths
of where I am defined.

I am that voice
at once accessible to all
yet brandished like a sword by **Him**,
who has come to embody me.

I have forever been enslaved
by ignorance and hatred
and the currency of dross
which kindles interest
and deceives the heart.

More than a simple sign
have I demanded be shown
beyond mere mediocrity,
or rank vulgarity…
omitted from demonic mockery,
hidden deep within the soul.

I am the future hope
that one day will inhabit the earth…
no longer as word, verb or noun,

but as **deed** that is done.

FURROWS IN
THE FIELD

OLD HILARIÓN

Hewer of hopes, captain of crushing battles,
standing firm before life, destiny, and death …
you never traded your courage to misfortune.
Behind your troubled gaze, I glimpsed
the wistful magician and the tireless idealist,
the toiling pillar of a family man
with steely ardor in his chest.
Skilled and indispensable counsel
before the predicaments of all.

I have walked with the man who sowed valor in his homeland …
That native warrior who never groveled before the invader;
that captain of the seas who, facing the scourge of mighty storms
and the certain sinking of his ship,
chose to perish valiantly with his crew,
rather than abandoning them to their fate.
As a friend I have shared his contagious humor,
that tireless fan of boxing and dominos, the ring and the square,
savoring a small baptism of cognac with his bottle of beer.

Beyond the occasional acrid word
I found the warm hug tethered by tenderness and love.
You steered me with resolve, commitment, and support,
implanting the bases of honesty and upright character
as the most devoted father would certainly have done.
And for you and for myself,
I will have the backbone of your example.
Of all the good you have engendered in your unhurried course,
of all that you have given in life without seeking any acclaim,
a placid satisfaction being your harvest and your aim.

Now, the disgraces of senility have sealed you off into a corner.
Erasing, it would seem, your sacrifices and your honor,
pillaging from just impartiality your acts
and the fair projection that defines you.
Despite that face engraved by the years
your furrows in a field never sterile forever fertile.
Imprisoned in the past, you chatter with the shadows
dozing without ever sleeping, roused without ever waking.
I don't know if I understand you,
or if it's no sense you prefer to be making.

My old man—mi viejo—you are like a finely tuned "cuatro"
which strummed serenatas in years gone by
enticing so many doncellas…
With the country décima boastful of its island past,
the "tabaco hilao" neatly rolled between bronzed fingers,
full of flavor and bewitching pleasure
producing in a puff, a small passion that lingers.
You are like "café puya" freshly brewed and unaffected
artless, aromatic, and without pretensions
purging the bitter spleen that skulks undetected.

What remains are merely ravenous sensations
relentlessly prying to spirit you away
on that voyage to the edge of navigation;
those delinquent thoughts never interrupting
your plunge into the abyss, a hawk ever circling
above the hypnotic horizon of paradise awaiting.
A lone beacon behind you, standing vigil on the shore.
A sweet pastoral narrated eternally unshaken
concealing, sneering, then withdrawing with cloaked scorn

leaving you alone, hesitant yet forsaken...

DOÑA ROSA

Emerald of the Antilles, how pure and fine…
The brilliant black bespeckled cobalt of your gaze,
Honeyed sweetness seasons your smile.
The shimmering ringlets of your hair
Festooned with nets and florets…
You've adorned me for many years.

A friend to life and to the people,
Hailing from humble tiles and invading vines …
Imposing, upright as a pine,
You are a mixture of foreign traces
Which you lay claim to, with no small coquetry,
With that beaming gait of India Taína.

You longed to reach back to those greener years,
Recalling how you'd badger with your charms
And sensuality among the plazas of San Juan.
Summoning all those times gone past…
Offering once again your body and your soul
To that gardener who might cultivate your grove.

Perhaps it was the law of life, mere whim or obsession…
Sculpted by love, your womb brought forth
New life on many an occasion.
Blind defiance and perseverance may have been their "gift"
Only wanting—so they claimed—to have a firstborn
Leaving you encircled by a storm of "chancletas."

Woman weathered by patience and forbearance…
mother and grandmother overflowing with teachings.
Just like you … nothing was, nothing is, nothing shall be.
You shone your beacon across my path…
You folded me into your breast when I was barely a child,
that bastard retrieved from the clutches of circumstance.

And I admire you, flower of nacre.
I long for you, indomitable legend.
A need that anxiously thirsts for you…
Wanting you to be forever
And never apart from me,
Despite that invincible calendar.

PRINCE OF MUSIC

Conch shell upon the strand …
humble sculpture
seeking a dweller
in the heavy sand.
Sovereign species…
Sculpted one day
To be eternal, forever.
Within your inward spiral
The musical whisper of sirens
That only the sea can sing.

Whoever crafted you
imparted a worthy origin:
The hue of discipline,
the wisdom of the ocean.
He trained you to snare
the melodious cadence of the wind
as a balm to land-bound ears.

More than that,
prince of the sea…
He delivered you
to the tender and enamored

Spanish-American woman.

SURREALISTIC CONCEPT BY:
MOCTEZUMA BRAUSSI

MODEL: MOCTEZUMA BRAUSSI

PHOTO BY: RAFI CLAUDIO

'MAHECO'

He arrived one fine day with that jovial mien
And the dapper smile of a true friend…
With mettle, poise and confidence
All suggesting a leader of change.
Dashing demeanor, cerulean eyes
With a passport
Insinuating global enterprise
And the suave palaver of a smooth operator.
A typical model from the Anglo-Saxon template…
A diamond-studded watch gleaming in his pocket.

In his leather briefcase, a proposal from a dream
Designed to slash through boredom and routine.
A seamlessly compelling scheme
To bring an end to misery and poverty.
A grandiose financial plan
to transform the wretched
into an omnipotent superman,
capable of once-proscribed prowess and ambition.
An absolute ideal to sweep over everything
that reeked of common reality.

But Maheco proved only that:
a simple disguise.
An outfit we imagined
was the last word in fashion
tailored by the bourgeoisie;
nothing more and nothing less
than second-hand debris,
stitched together by a middling seamstress.

'Maheco' claimed to be someone,
yet all the while he was no one.
He invaded and conquered
the white-collar claque
set up his chain of bait shacks
in the forlorn seaside pearl
of the country's oldest slum.

'Maheco' then lured, deflowered and slayed
all the feeble, gullible and ignorant minds…
Acquiring a bewitching luxury liner,
he shipped all the teens, young women, old-timers
on a one-way voyage to paradise;
He disbanded whole families,
cemented a cartel of crime
and erected a temple to larceny …

His racket continues in public relations
an agent for a ring of vested transactions.
A stranger to morals and a taunter of honor.
A ruthless hired gun
who slakes his thirst on destruction…
if he's not apprehended
then conscience will burn
with justice undone.

* 'Maheco' is inspired by the short story "Retratos con hedor a mazmorras."
The name is a compound of marijuana, heroin and cocaine.

SURREALISTIC CONCEPT BY:
MOCTEZUMA BRAUSSI

DESIGNED BY:

MOCTEZUMA BRAUSSI
PHOTO BY: RAFI CLAUDIO

PRAYER FOR OUR PATRIA

Patria, orphaned homeland of the Caribbean.

Struggling through battles that have forced you northward.

Raise your voice in a sovereign cry.

Mold your own will separate from the gringos,
here in our little coop and there in the high-rises.

Demand honor and respect as a Taíno nation
and confront those who would trample your foundations,
since we'll never forget that you were invaded.

Don't let yourselves descend into humiliation

Free us from this denigration.
Let it be so!

CONCEPT BY:

MOCTEZUMA BRAUSSI

MODEL: JACQUELINE AVILA
PHOTO BY: RAFI CLAUDIO

TIERRA MIA

Boastful as a poinciana,
majestic as a ceiba…
a pride of fecund races,
without pretense or disguise.

You rose with the nobility of a gentleman
amidst many false promises.
Your voice hidden among the mountains
with your longing for liberty.

My country, tierra mía, you seem distraught.
Your children no longer sway to twilight rhythms
Or thrill to the wealth of your essence
Which in its core beats for independence.

Tierra mía, my heart aches with your privation.
You've lost sight of your struggle for dignity,
no vain bit of poetry or aim so difficult
to achieve.

Island nation, sensitive as Alfonsina,
humble yet eloquent as our hero Albizu…
pungent as the bomba and plena of Loíza,
without pretense or disguise.

Sublime nation subdued through humiliation.
You've faced ridicule and disgrace
enduring the invader as lord and lover
trading in your children's lives
for the lure of documentation.

Tierra mía, dress your wounded culture.
Don't let your Boricua pride be dishonored.
There is no wound that can bleed so much blood
or conscience so foolish as to be duped by the absurd.

Tierra mía, you are still glorious and noble.
Unleash your aroma of highland coffee
don't lose sight of the fading dawn
with its chirping coquís

or your beauty bathed in wild roses.

CLAMOR OF DESIRE

Like the wind
that knows no borders,
valiant paladin
and errant voyager.

Furrow in the field
probed by sowing hands,
yielding rich fruit
with the morning dew.

Like the universe,
invincible enigma to the mind.
So near and yet so remote
a never-exorcised illusion.

The crystal waters of a stream
To quench your thirst,
And in my fleeting zeal
Releasing my simplicity to you.

Like a ship
in a blazing sunset
navigating the seas alone…
tranquil, among the waves

and the snowy foam.

YOUR SCENT IS
NOT LOST

CONCEPT BY:

MOCTEZUMA BRAUSSI

MODEL: DENISSE MILIAN
PHOTO BY: RAFI CLAUDIO

WHO ARE YOU...?

These, my hands, they want to know.
They yearn to discover, sense, feel
What in thought
I often visualize.
One's imagination is so vivid and suspicious!
I only have questions that assault me,
sensations distilled over long years
within the sapwood of an old ausubo tree.
Testimony of my eyes, mirror of my soul ...
Who are you? I find no precise definition; why?

Dawn, morning and afternoon,
you are all the light that shines in the day;
like a never-ending orgasm
inspired by desire,
composing the firmament,
accentuating the expanse of water and sky.
Weaving catechism into a book of seasons
in impenetrable ways...
miraculous conjuration, the ecstasy of existing
all pure, all perfect, immaculate
like the word itself in the very beginning.

You approach like a droplet from a spring
on the cheek of a leaf,
on the fertile pollen of a flower.
You disappear into the wet grass,
mistress of all the breezes,
softened by the rain,
entwined in every hibiscus
like a secret from the stars.

A photograph fixed in my pupils.
Forbidden image, exotic and strange,
distant and free like the iris of temptation;
a whirlwind with the wings of a pitirre
restless yet cautious in flight
and your name sings before my life.

I didn't know you, yet there you were …
amidst a flock of enchanting sprites.
Displayed in a shop window
like a fan of French amethysts,
or a silk veil for an Oriental bride.
Unique, singular among them all!
You cloaked your face with anemones,
the guileless coquetry of the seas.
Your sparkling lips
smiling "do not forget me."

You are the mystery of a bonfire
ablaze with ancient histories,
charred ashes that still unleash your soul.
Emotions that meander
in the heart's impulsive alcoves.
I don't want to love without being loved.
I don't want the quivering of passion
without desire.

Between the raised cherries of your breast,
and the warren between your legs …
In the tangle of your sinuous hair
where I would be.
Now the past has been forgotten,
forged in the present on the path to eternity,
I can and I must be, my love…
Unshakably bound to your lips,
in an inviolable covenant with your eyes.

And there you are, in my hands…
This man who has found you,
must untangle the intrigue that envelops you
like a Renaissance tale.

Come to me, redeem me with your chest of hopes.
With your twilight of illusions
which cascade into dreams,
until the mighty Ceiba tree is vanquished by time…
until the last trace of our skin

disintegrates in the sand.

CONCEPT BY:

MOCTEZUMA BRAUSSI

MODEL: LEYLA ZAHAR
PHOTO BY: RAFI CLAUDIO

AN UNCOMMON SPECIES

Your north is all tenderness, grit and coquetry.
To the south of your sculpted form,
I see you sultry, impulsive and free.
Your face flashes grace and sensuality,
the sudden seductions trembling through my body.

Nymph adorned in the perfumes of beauty, spirit and equality.
There are those who claim you were shaped from Adam's frame
to be loved and despised with equal intensity.
A strange lot have you inherited as destiny!

Your cries are like a poem by Julia de Burgos,
defiant, determined and filled with passion…
From Alfonsina Stormi, a commission of mystery and intrigue,
and from Mother Teresa, a charge of spirit and optimism.

Maiden… let the breeze caress your brow
and be kissed by the sunlight each morning.
Allow me to take my delight without haste,
imagining the sin flowing from your warm glade.

Woman… ask me to be yours as your own
for the miracle of bringing forth a child.
Make me a prisoner and slave to your sighs.
Only to be freely existing by your side.

Woman of the most uncommon species.
You are unique, mysterious and irresistible…
Gypsy, sorceress… goddess, and so much more!
And this is why I love you,

woman, indecipherable!

CONCEPT BY: MOCTEZUMA BRAUSSI

PHOTODRAWING BY: STEPHANO

SOL'ANGE

(A Woman Made Metaphor)

Your scent is not lost.
It bears an aroma of vintage wine.
A whisper of wind rummaging through leaves,
fire and desire pervading my body.

Your scent hovers over each daily chore
the mist that rises from rustic toil.
Your scent is not merely virtuous or pure.
It is a vanquishing conquistador
of exotic ancestry and cultural mixture
radiating a trail of history and grandeur.

Your scent is a seditious cry.
It is blood, air, life!
Your scent springs forth from the soul.
And I discern it and preserve it
as my most faithful paramour.
It is the only fleshly sin I possess
of which I live obsessed.

Your scent is tactile.
Pulsating as it yields like an orgasm.
Your scent is an utterly sublime metaphor.
A whirlwind in my bed of passionate heaving.

Your scent is a culture of its own.
In it resides yearning, a fertile womb.

CONCEPT BY:
MOCTEZUMA BRAUSSI

MODELS: JORCELIE AGOSTO
WILBERT VALDIVIESO

PHOTO BY: RAFI CLAUDIO

ALONG YOUR SHORES

Woman… I want to imagine how you are.
Understand the mysterious vault of your silence,
the flooded channel of your ashen affections.
Drift through the overwhelming lassitude
of your passion as you moan in your balmy nest.

I can only perceive you, discern you
in the dark labyrinth of my being,
in that southern savanna
where meditations roam.
I lose myself in the formidable drawing
of your grace,
the masterfully sketched line,
the perfectly brushed color
of your Taíno skin.

There my scattered traces await
snatching furtively after every glance.
There my dreams dance
admired along your riverbanks.

In the depth of your face
there is a riotous summer sparkling with light
hidden in the dew of a leaf,
preserved in purest glass
and in the cathedral of your soul
the mirage of a rainbow comes unhinged
as a coquí sings under the open sky.

There is such nakedness,
such loneliness in the mischief of your eyes
that I am drawn to wonder
if they hold some self-consuming fire
between the widowed mist and the embers of dawn
or if they're only cantering illusions
marshaling me to mourn.

With a mere smile the caress is irrepressible
a kiss imparted by the fiery hibiscus of your lips.
The indisputable resplendence
of your Amazon cheekbones.
You might be the most intoxicating glass of wine,
the misty drops from a wild rose
or a legend gleaned from a chivalric poem
intoned under bewitching moons
by roving troubadours.

Woman… I want to imagine
The brush of your breath and the warmth of your body
unbound by the breeze.
I am not the pillow where your secrets repose
or the mirror that discovers
your youth withering over time.

Even if I might want to, I cannot entangle you
in the chimeric hopes
that truly yearn
for the bliss of an eternal love.
I only know that I sense you, and see you straining.
There, where an echo captured the rustle of voices,
and where Venus philanders with the stars;
the spot where your scent conquered my emotions,

leaving me enraptured along your shores.

PHOTO AND VISUAL CONCEPT BY:

MOCTEZUMA BRAUSSI

MODEL: JULIA ELIZABETH

WHILE LIFE STILL LASTS

The dappled nectar of your mouth is unknown to me
as are the landscapes of joy or melancholy
you've meandered through in your dreams.
I also do not know the indomitable legend
that courses through this body
with a maiden's coquetry.
But I'd like to see you
like the bud of a rose,
as its petals modestly unfold
in the morning mist
and be that tropical breeze
that mingles with your perfume.

When I light upon your dazzling eyes
and discover the delights of your skin,
my imagination rambles into sin;
you are, it seems… a beautiful isle
forever unconquered,
a virgin with shores caressed
by moons and suns and tempestuous seas
dappled silver, gleaming.
You are a fertile land of coffee
and fields of cane that seduce
or hypnotize with undulating plains.

Your bare breasts
bear the fragrance of hibiscus and jasmine
emulating mountains as they kiss the sky,
rigid crests as radiant
as the first trace of sunrise.

When I amble through the thickets of your form,
Your nymphish waist awaits me…
Your navel, as if veiled away
in the deepest recess of night,
seems to be a morning star enamored
calling out, bewitching and then embracing me
in the sultry cove of your womb.

And that moment, oh, paradise of mine!
blazing forth a blinding meteor
my desires bared one by one;
and there, I chance upon your abyss
its slick escarpment that conceals
a heavy tang of brine and algae,
the riddles of your coral reef
where passion and love possess me.

In that forever now
I yearn to be your master
and immerse myself within your depths;
my feral imagination
ceasing with its sin;
and then…my thoughts
collapse upon themselves.
The oasis of your eyes and your tender mouth
remind me that I still can't grasp
the taste of your lips
or your simple memories of years gone past.

I also do not know if your roving feet
ever attempted to meet my shadow;
if you came to anchor in my port… or sail off into the horizon.
Island of mine, we have found each other
and I know that you're the mirror of my soul,
the eccentricities of a land never lost to destiny;
you have a womanly scent and elegance,
spirit, sweet foliage and purity.

You are a woman, an unknown fruit
of beauties unsurpassed,
whose trace will never vanish from the earth,
the water that slakes my wayfarer's thirst.
When I see you, my senses come undone
And my blood begins to roil;
Only yearning for lips upon lips,
breath against breath, skin against skin enflamed
as long as life lasts…
and all your love's love destined for me

ecstatically, embraced.

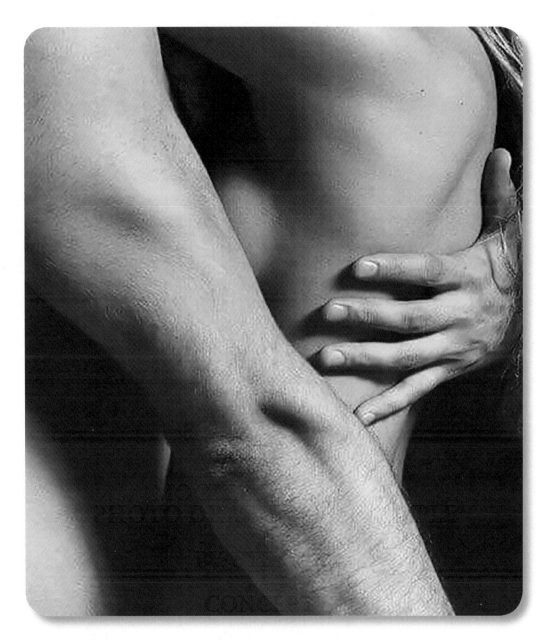

PHOTO DRAWING OF COUPLE

BY: STEPHANO

**CONCEPT BY:
MOCTEZUMA BRAUSSI**

LOVE BENEATH THE PINES

How to explain it …?
No jellyfish were enveloped
in the erotic rainbow that unleashed
a riotous perfume.
A sensation I confine between my fingers,
moist with heedless passions
and derelict customs.
Like emboldened thunder,
a metal-plumed swan
that melts me in the raging bonfire.
It contains some flavor and desire,
A potion with a drunken flow
that your genital fruit
swells into my demanding palate.

Between anxiety and longing
my soul propelled,
between shadow and space
my untamed senses lingered
in submissive absence…
perceiving, relishing;
inscribing your maiden name
on the cinema of my eyelids
among the shadows of the pines.

And you … also so far away,
a sprite of oceanic caresses.
You, also, thinking, remembering…
Your moisture amassed and dripping
into a dappled frothy cocktail;
whipped like a crashing wave,
splashed into your lustrous vessel.

Sagittarian of love…
I have no tales to tell you
of sinful crepuscules
at harvest time,
or rash lovers and their prodigal nights,
or the textures of baptismal bliss
whose deaf spasms have shattered me;
or the wolves who howl in heat
unbound by lunar alchemies,
or the truth encased in a tear
of tenderness dismissed.

No, and there are no stories
of a poet heart
narrated in a sorcerous imagination
or in the spirit of delirious levitation.
I will tell you of how my spry pony
galloped off into the brush
with dogged savagery…
or of the hours I spent navigating
on the opalescent lagoon of your heavenly skin;
of the intrepid minutes
when a venery of sighs
unveiled your face as my angling fingers
snared upon the coral of your areolas.

Yes…! And of how we lapsed into a farrago
of fumbling, mad caresses …
consuming ourselves in a bolero
of lustful gyres that neither time
nor silence can excise.

How much passion can be retained
amidst the mosses of a female form
once the briny perfume has been consumed?
How can any of it be explained…?
No, there are no words, only what we feel…

I would sketch that moment… free
without any boundaries delimiting our nest,
reveling, intoxicated in the honey
of your carnal slopes,
picturing you as you piss
against the cold and rainy nights,
and drowning your gums
with my pearly rum;
As we devour and re-devour each other,
marooned on the island of our skin.
How many times would I plunder that moment
with your rousing kisses, reclining
on the pallid strand of your thighs,
nibbling at your wicked navel…!
and my tongue sliding
all the way to your spine.

You'd ask for more… so much more.
And I'd never deny you.

I saw you, or perhaps it was a dream…
mere steps from the glistening sea
amidst a riot of astonishing colors,
your body bare before a flaxen king.
And from my distance
with virility raised
like a shaft of wheat
against wind and sand,
bewildered…
and needing you.

Maiden of the coasts, your gaze of dimming suns,
between a breath and a sigh
my kisses persist upon your lips.
From taking leave to final farewell
and coital prose recoiled…
calling out to us.
I emerge remembering, thinking

all the while **sensing you**.

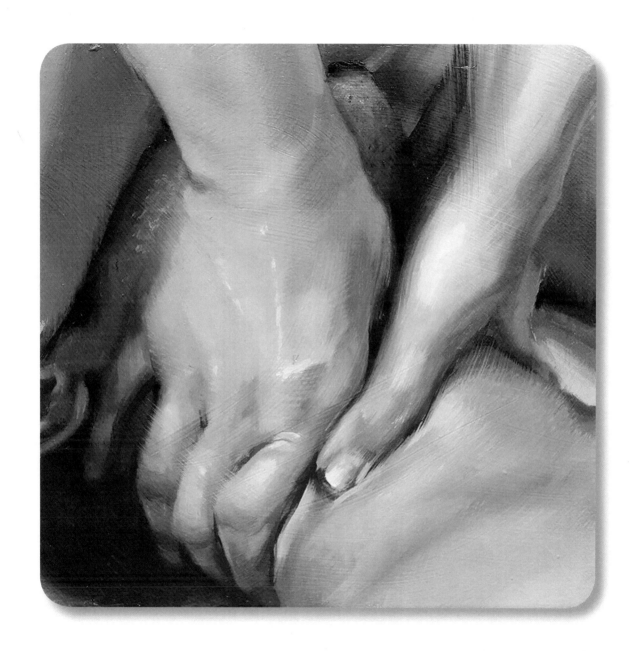

PHOTO DRAWING BY STEPHANO

CONCEPT BY:

MOCTEZUMA BRAUSSI

EROTIC ... POSSESSIVE LOVE

Fleeting passenger of my soul
you move about my feelings,
mysterious passerby
stirring my heart,
a cloudburst of femininity
soaking my body
with your saline pearlescence…
ravaging my bow from port to starboard
like a wild tempest
that defies any purpose.

How many times have I scaled
your slopes like an intrepid mountaineer,
dwelling among your rigid peaks,
conquering the perils
of your steep moss-strewn chasm.
How envied you've become
By the silvery moon of my dusk…!
How jealous are the morning stars,
my love, of your savory musk!

Seductively mine…!
Yes, beyond the unknown of meaning
And all imagined eternity.
Beyond all impulsive desires
and the gyres of passion;
like the thirst of a rambler
before an oasis mirage
and as death, in the end, is to life.

Take me into the boundless abode
of your infinite love
oceanic in scope,
love me, dashed upon the reefs
and drowning in my grief…
Let your dreams devour my anguish
And melt me in incalculable bliss.

I want to rise along your banks,
wander along your lanes of skin
inhaling the perfumes of your vast vineyard;
Because I crave the electricity of your eyes
as they slowly sear me,
the legion of your kisses
truceless, without pity or distance,
freely tormenting me beyond
all primed and covetous secrets.

Love me in any way you wish,
gripped and redolent, swollen with joy,
before the erotic silences
that masturbate among themselves;
Love me slowly…
and scatter your nakedness

over my body.

LOVE...
DEFINING YOU
BRINGS ME TO A PAUSE

PHOTOGRAPH AND VISUAL CONCEPT BY:

MOCTEZUMA BRAUSSI

THAT IS WHAT I WANT FROM YOU

And after that first kiss
stolen from your lips
on that predestined rendezvous,
without pretensions or impostures
all our secrets were laid bare.

From that moment onward
I knew you, as you did me, and as we found
I would be hemmed into your life
as you would be into mine.
And love held us spellbound.

You cannot know how much joy you stir
each moment that we spend together.
To feel your eyes and their gaze.
Your lips and their kisses.
Your fingers and their every caress.
Your skin and its sensual brush.

I need to kiss your naked skin divine,
savor you like the most exquisite wine,
run my fingers across you, rouse and excite you,
inflaming your cravings to a ceiling of delirium.
That is what I want from you ... my queen.

I want your face, your figure, your fine tresses,
your rhapsodic perfume, your tang of coral reefs,
prodding amidst the brine of redolent mosses
within your most intimate depths, my male mettle
maddened by so much wanting.
Feeling the sorcery of your body against mine,
engulfed by love and sex.
My love … that is what I want from you, from me,

so desperately.

VISUAL CONCEPT BY: MOCTEZUMA BRAUSSI

PHOTO BY: RAFI CLAUDIO

BEFORE YOUR EYES AND YOUR GAZE,
A QUESTION CARESSED BY DAMP CLOVER

Does anyone know what love is …?
What it actually feels…?
When suddenly one day…
Amidst the shock of the hours
And a frenzied quivering of the knees,
Perhaps a still moment
Springs within us…
Did you know?

We might ask everything that is revived,
vibrates, smells, respires;
searching through the tear,
the sweat, the skin and the smile,
we might converse with the sun and the moon,
the forest, the desert,
the circus saltimbanques and clowns.
If it were possible, with the reptiles, or the endless varieties
of bird and all the mammals …
with solitude or companionship,
with the torture of the unknown;
we could have it all explained by war and peace,
shadow and silhouette,
or it may be known by the divine,
the fertile earth or hellish abyss.
In dreams and nightmares,
reality entangles with fantasy;
of course, why not…?,
the sea and all its particles of salt, each atom,
until arriving at pure chemistry and the cross of chance.

Truth and lies have certainly been friends.
Time and distance, inseparable siblings,
even more so religion and its sects,
but as with death, its own worst enemy.
And the heart…? The soul…?
But we cannot ignore life.

Who better than life can define,
feel and know love?
Who but life with its wisdom and feeling…?
Its maternal intuition
from thoughts most hidden.

My Aphrodite, enigmatic maiden...
I also do not know love
to express it in words.
I perceive it, sense it and surmise;
it soaks and scorches me inside,
it perfumes my nostrils, clings to my eyes
and gives itself to my palate like the apple of sin.
For you, who are my reason, my inquisitive half,
the guitar strum of my feelings,
I will never part from your feminine nimieties,
never take leave of your shadowy skin.

I am the man who follows in your destiny,
who loves you jealously, obsessed
savoring your succulent fruit
in a glass of wine.
I am the owner of your portrait which I paint
on the verdant walls of my mind.
In you, the fortress of the Cosmos delirious with hope.
And you are, amidst shimmying crepuscule
and transparent mist,
where my boundless thirsts repose.

You snatch away the skylight sonata,
silently shaken by the immense sparkling
of stars strewn across the void,
of the limitless sky.
An orchid's blush rises to your cheeks,
and yet more traces survive
of the kisses sewn upon your flesh,
and on the drunken nipples of your breasts.

I only know that I'll love you with furious abandon
like a warrior in battle,
amidst the incense rising orange and basil
to the rhythm of violin and piano;
cruel farewells and distances
disguised as absence.
An allegoric ritual in tempo sostenuto
to the redolence of eros in hypnotic ceremony
that you inhale from my fiery body.

There is much thirst for you in my gleaming switch
that spews both life and pleasure.
There is much thirst for me in your downy haunches,
which amidst the thicket,
discretely conceal the slope
to your blissful tarn.
These staunch bones of man wishing to cling
to your helpless shore, to your violent panting,
to that substance splashing in your shadows.
Standing now adorned in algae and jasmine,
your siren's skin calls out to me,
those eyes of a driven beast awaiting me.
Sate yourself on my delirious pith!
Unleash your eddies and drown me in ripened guava!

Oh, crystal chalice, Samaritan of my lair…!
Gnaw into my heart and let its crimson
overtake you like a treacherous fen drowning to the end.
Between your legs, your thighs, an air rises bare,
dense, delicate, an extract from the throne of existence
to seize the groaning syllables
cloistered in my throat.

It's like watching the moon
descend to the sea to bathe in secrecy,
while thunderous bolts of a thousand hues
illuminate a seductive symphony.
Between your eyes and your gaze, the canvas of a setting sun,
a shower brought by goddesses, something born yet fleeting,
a second of victory,
a devouring calm of incantations
all caressed by damp clover.

There, you and I, eternally reunited,
Our image cast in the mirror of a lagoon,
ineffably joined,
enveloped in a flaming gale of love;
joined and tied to the wind,
that invisible corsair we can't rebuff
you who knows how to touch us deep within.
Simply alone, dreaming infinitely…

And now, I wonder…
Does anyone know love?

ECHOES OF AN IMPOSSIBLE LOVE

I recall moments I believed had migrated
away from the trunk of my thoughts.
I stumble not intending to avoid
That first time when we met…
Your gaze and mine in kisses crossed
in that school auditorium.
And suddenly it unfolded
that novel of teacher and pupil
rattling the cosmos.

A nervous tingle
spread through skin and ken
realizing we'd been exposed.
The experiment led from result to cause
a sudden pretext for a symposium
on anxieties and surprises
which were set on fire
beneath the shade of saplings
and birds chirping.

Juggling mischief and crimson blush
took their seats
in furtive sylvan flights
and oversweet secrets
of Kahlúa Cream or Tequila Sunrise
at a favorite dive.
Longing not to divine what was foretold,
what a horoscope could not withhold.

Among the swings of sensuality
and the steep slide of emotion
cupid advanced idyllically
To the paranoid communion of our skin.
So many moments bewitched
in a revelry of passion!

We were two beings, souls, sheer energy...
Lovers who quickly learned
to be seduced that moment
when scorching desire
ensnared our hearts.
In that motel of bamboo shafts
a nest was made, a perpetual lair
"for the boundless excesses" of intimacy.

Primed for it all, we rowed unsteady
on rough seas.
Clasping hands but with the certainty
of happiness triumphant.
Your graduation arrived, prom night as planned,
and the unplanned death of your father.
A roller coaster of emotion.
searching for a job, the mundane responsibilities…
The haste to meet and find shelter,
and who knows how many frictions.

Then … a short time later
They "forced" you to cross the pond
Seeking another fate and fortune,
sealing our temporary separation.
And I, unable to be so far away,
deserting everything swam to your shore
to be with you, my only savior.

Our novel soon filled with chapters,
scenes of jealousy and intrigue,
villains with their own conceits.
With nuptials hastened by your pregnancy,
we matured straight away,
knowing each other passably.
In love with love itself
with hope pitted against hope.

I suppress the question, if like me
you're hijacked by images forsaken...
the day-to-day in our abode,
shopping for food
or aimlessly strolling.
Watching as you dance and sing
the latest tonadillas,
ignoring your indolence and your rages,
and your board-game drubbings.
Nights spent on the couch
conjuring names for the child
by future palaces rhapsodized.

I can still say that I decry
the hypnotic light in your eyes,
feel the gentle breath you exhale.
The crazes and pranks of a coquettish girl,
the snores of a hibernating bear
and other less fragrant airs.
Your hands as they grazed my back,
your nymphlike feet tripping in mine.
the passion of your lips
whispering "I love you."

I rekindle and perceive
the passionate zeal
of your tongue's caress,
the exact moment
you drew me to the peak;
as you melted then erected my senses…
freeing me like a child
and seizing me like a man.
And later, later… so much later
after that wanton marathon,
watching as you slept.

All of that I long for…
all irretrievably lost.
Chimera, nostalgia, ephemera.
Lives hurled off the cliff of oblivion.
All of that I long for… everything we felt.
Perhaps because love is unfathomable,
foolishly profound,
or because it is ultimately interminable

standing for all eternity.

I AM ALL THOSE THINGS

I am...
I am the battle-hardened remains
That wheel across the universe
Disguised as morning stars.
An erotic verse
Murmured between pursed lips…
A seductive thought
Summoned by your mind.

I am …
A possessive sigh
that hangs upon the breeze
of each and every evening.
A heartfelt lament
uncovered in your being,
or the irretrievable absence
of my strokes
that once caressed your breasts.

I am with you…
A leaf, a flower,
The first buds of spring
That wind their way, green and red
Up to your windowpane.
The harmony in our terrain
pairing wild and benign,
or the innocence of a child
unveiled without complexity.

I am all those things…
that seed grazed by the wind
solid earth within yet refined.
The conviction of wanting you… and having you;
Even after our demise.
Only waiting
for that furtive glance

to snatch you away.

SEASONS

We are…
The live fiber of a verse,
season immersed in illusions.
maturity that betrays us
in the gallery of life.

We are…
some small shop brimming with surprise,
a cellar filled with detours and dawn light.
the green pastures
cloaking this fertile land.

We are…
a latent truth erasing absence,
a sequence glowing mid-air.
Sun and moon barefoot in the sand,
Brine curdling on the algae of foam-strewn couplings.

We are…
unwithering, stripped,
wick and font inflamed,
scattered in the wind

like leaves adrift.

CONCEPT BY:
MOCTEZUMA BRAUSSI

MODELS: DENISSE MILIAN

PHOTO BY: RAFI CLAUDIO

SEEING YOU / WATCHING YOU

Inhaling and desiring you,
sensing becomes a rhythmic puzzlement.
That calculated game of chess
with a strategy of abrupt check-mates.
How can I describe those parts that sum up an enigma?
A deep and unfathomable book
you captivate me till the very last word.

Trying to define you brings me to a pause,
Tangled in the mosquito mesh
that dangles in the lair of your thoughts.
Snared by the concealed obsessions
that doze beneath the sheets of your soul.
Were I only to commit an idealist's sin
or exalt you on some altar!
Then a canvas of your bare form
could never plagiarize the crimson flush
of your cheeks
or the sensuous watercolor of your regard.

Mere thoughts of you bring longing!
Even since you caught my eyes,
you've never ceased to surprise...
Your skill at unsettling as you approach me,
rousing me with the rustle of your breath.
Your very image in my mind provokes me!

That face from a fable casts
strands of sunlight cascades of silk
caressing my brow.
Your soft, clear eyes
cause me to unwind.
Those sorcerous conjurations
have the power to strip and arouse.
That fearless sleuthing artistry
that divines without ever questioning me.

I reach your nose, that savorer of a thousand essences...
In its skill, bedazzled and enamored,
sensing the erotic tinge
as it travels across my skin.
An then your mouth, with moist, half-open lips,
your tongue receives me, tantalizing and provocative.
Regaling me between each furtive kiss
with that musical talisman of "I love you"...

Seeing you, watching you
the destined ritual of an acolyte,
a constant and curious custom,
that fails to ever define you.
A rosary of erotic episodes
that with each day inspires me
to love you
until my thirst is slaked.

BEFORE YOUR MOUTH AND LIPS

Dusk falls in our eyes
halfway through our goodbyes.
Face to face in naked silence
Spinning our thoughts together.
A sweat of dread hovering
at the edge of your immeasurable shadow;
hands unsure of what to do,
desire struggling to be born
reclining against the window of our faces.

That meek desire edged to deciding
before a token of impulse,
and between the heavy seconds lasting centuries.
That passionate curiosity
like a restless question
gliding upon the swing of my dreams.
Springing forth the answer to the obvious,
what is stolen on wistful and troubled lips:
a kiss…yours, mine, ours,
like a whisper on the breeze.

Alone I was an invisible sigh
poised upon the wilds of your thigh,
a wary phantom reveling
in the subtle emotions of the soul;
winged fears caressing dreams
that dream caresses.
Feeling my very being…!
Lips, teeth, tongue, throat…
Moist sound drowning in your lower mouth,
apprehended in the atmosphere of your breath
like a stubborn particle in your gums.

Feeling myself become the drunken twilight
the prostatic nectar being poured
into the deep chalice of your cherry;
a melodic ballad softly unreeling
on your angel's harp
echoing the clamor of a child
rising to the infinite heavens,
reverberating within this burrow
which no flash of light can control.
Quivering in the sudden dive
grasping without beginning or end,
nibbling sweetly
at the roseate honey of your hive.

Feeling you like a spellbound swan
drifting on a phosphorescent pond,
like a gondola tossing
on the impassive waters of romanticism;
a rich port filled with mysterious enchantment…
like a ballet of petals in the rain
like a virgin muse clinging to my frame
Only feeling our very being…
your mouth searing my lips
at the end of our goodbyes
and your hands

grasping mine.

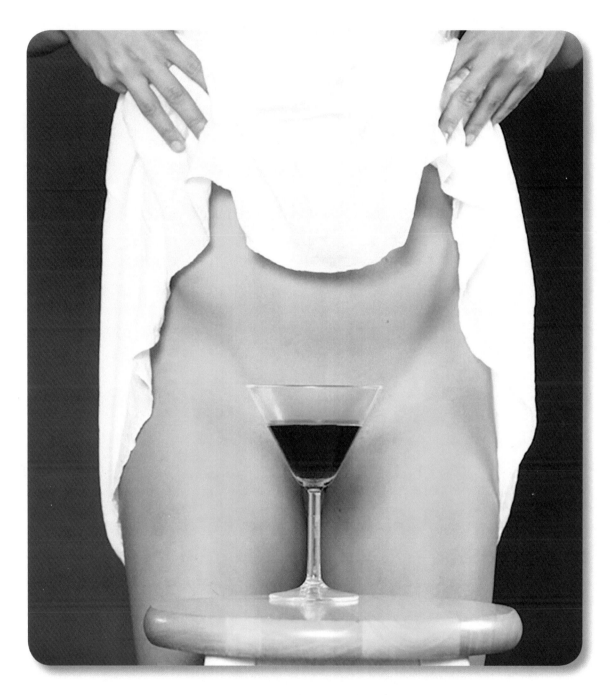

VISUAL CONCEPT BY:

MOCTEZUMA BRAUSSI

MODEL: DENISSE MILIAN
PHOTO BY: RAFI CLAUDIO

MOMENTUM

This singular second…
When your eyes wander
getting lost in mine,
and your impious grin
infects me with sensuality
Everything seems to stop for a moment.

Then comes that obsessive invasion…
your hands wandering
across my entire body,
your gasping breath
lays siege to my mouth.
And then the word begins to stir.

It is in that unexpected pause…
that we lose the notion
of time and cognition.
License declares its victory,
sowing tireless desire and enterprise.
As lust becomes the law.

And do you know?
In that vestibule of sorcery and spiritism,
santería and coital faith,
the scorching bonfire of the skin
sparks and catches fire.
And sin becomes unchained.

Everything becomes transformed
Into a canvas drenched with color,
flavor, redolence and bareness…
A wilderness of flora and fauna,
a stage set with seas and stars and coral.

Everything becomes unhinged
in a schizophrenic frenzy,
amidst a tempestuous wind
doused with soaking downpours.
An allegory of tremors,
and volcanic eruptions…
while craving aroused sensations.

It is at that precise
orgasmic moan …
when thought entwines
with feeling,
where tale and fable flirt
and ballad couples with verse.

It is only in that singular moment…
among so many other moments
when everything becomes transcended,
everything evolves upended
beyond the boundary of all boundaries;
when the vastness
of the vast universe
ecstatically gyres
on the axis of love and eros

found in our berth.

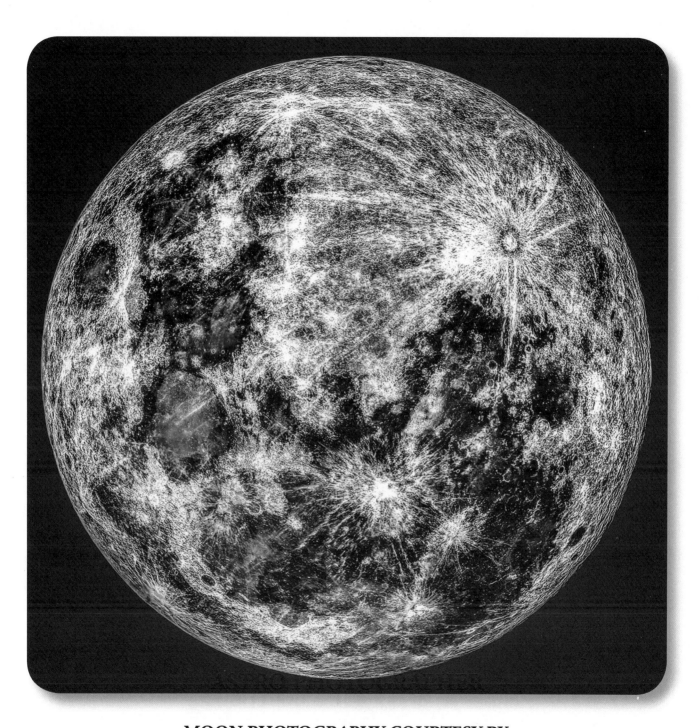

MOON PHOTOGRAPHY COURTESY BY:

ANDREW McCARTHY

ASTRO PHOTOGRAPHER

MOONLIGHT EMPRESS

Full moon witch…
How exciting and addictive
your silvery nudity
descending into the crystalline sea!
It's like imagining you
rousing the surface while millions of lights
illuminate an unexpected,
seductive orgasm.

Moon, gypsy moon…
It's magical and exhilarating
seeing your moonlight reflection
on the sea tides
dancing a symphony waltz.
Endlessly reunited,
ineffably joined,
erotically scent by the night breeze.

Moon, once the Sun's concubine…
let me be your lover slave instead.
Torture me with your galactic beauty,
kidnap me in your exotic depths,
make of me whatever you wish
but never accept any ransom.
All that chimera of you I long for,

moonlight empress.

NAKEDNESS

Inclined over the ravine
of my imagination,
competing images
rose in the stream's reflection
forming a pentagonal prism…
Was it perhaps brought on
by that bewitching potion
intoxicating my lucidity?

The night's tunic of stars
and multitude of enchanting planets
seemed possessed
of an enigmatic darkness
enfolded in invisible whispers.
An amorous melody
sailed across the staff of my mind
and a portrait of that legendary face
engraved itself into my soul.

Alone, inextinguishable silence
had hidden in the breeze
amidst the timorous rustlings
of crickets, coquís and dry leaves.
The baleful tick-tocking of a clock
wouldn't stop its assault
against fleeting time
nearly cleft apart.

My being filled with nostalgia
and no timely response,
without the possibility for excuses
while rifling through an album
of unavoidable images
tucked neatly into bed.

Endlessly I descend
into the explosive din
of luminescence
rising before my eyes
fending away true absence;
as secretive shadows envelop,
bearing their oasis in hopes
of fresher fragrance.

I envision the fictions fleshed in your dreams,
the sonata of your adventurous eyes,
your fervent yet dulcet kisses,
your sharp and fleeting breath.
I envision your inviting touch
and your roguish flirtations,
that wild and damp acerola
drenched in seminal mist.
I envision your warm body
in the searing warp and weft of my skin!

I conceive her
like a luxuriant sunset…
decanting her brutal beauty into space,
succulent with tendriled emotions
ejaculating into the undaunted wind;
gracefully fluttering
seductive, profligate,
and bewitching, like the thief
of my own fate.

**The inevitable sensual moment
of your skin against mine
came and went with equal dispatch
like a memory etched in crystal.**

She returned, as she often did,
to bathe in the warm stream
of my caresses,
to commit to the inescapable embrace
against my warm chest,
to drain me
of all tamed sensations
bearing fire, groaning ferment.

In illusory secret, my palate reveled
in the essence of her feminine nectar;
and she was carried off
to my unhinged lair
igniting Vulcan's fires
where we seared together.
No reserves arose between us.
Pursuing passion, she devoured me.

I went sequestered to the den
of delirious lust
and eddying cyclonic paroxysms.
Each fragment of desire
fused in fury,
each thought of vulnerability
untangled shuddering,
groping through the burrows of longing.

**And I played solo
As we did duet:
unhurried, with no trivial designs.**

A feast of fortunes overflowing
succumbed in somersaults,
one minute and then the next
unleashed a spasmic virile burst;
my senses abused, I was now lost
in the violent quivering
and viscid slopes of sensuality.

Pacing the night on the cables of ecstasy,
an unlit cigarette drooping from my fingers …
grey puffs leaving restless silhouettes
dispersed through the window
as Monday calculated, breathlessly,
itself into existence
after one hour and five minutes.

How I miss you…

My love!

WHEN SHE SAYS GOODBYE

We never come to understand
the whys behind the vicissitudes
that occur each day.
Or the pretexts or the alibis
given by your better half
when she says goodbye.
And when this happens to you,
in the sudden blink of an eye
you also don't understand why.
You just know that "it's ended," no more.

Why did love transit to unlove?
Why do you feel that you're dying inside?
Why do you leave yourself exposed
When love tells you goodbye?
Don't ask yourself why,
because that why has
no cause to answer you why.

For now you discover
you're a hostage to solitude.
In under a second
You've let the sighs
Stray, intensify into infinity.
You now have nothing left to live for
and life itself
has lost all its allure.

But worst of all
in that fateful moment
is who said
that the feeling was gone...
She didn't calculate the scope
of the harm she instigated
or she simply no longer cared.
Why does love wax or wane?
Why does her absence consume you?
Why do you become possessed
when you've been discarded by love?
Don't ask yourself why,
because that why has
no cause to answer you why.

Hundreds of times I've said
that life is a prostitute
and fate a miserable bisexual.
Life inspires hope,
Seduces and conquers your soul
Regaling you with a basket
of love, happiness and illusions.
Everything has its price
without any penned guarantee.
Crude reality lies elsewhere…
In that meander with life
you understand the moon without honey
and certainly without cheese…
Heartbreak and suffering
may bankrupt the soul
leaving your heart empty-pocketed.

All the same, fate fabricates
the best of two worlds.
It is pleased to please you
simply to confound you.
It pilfers your identity
trampling and lacerating
your passions and feelings.

At the end of the road,
its mockery and cynicism
leave you enough space to implode.
Abandoned on your raft
foundering on the water
of an endless unknown.
It is true… life and fate
are two peas in a pod.
When it all simply comes to an end,
it's ended and you don't know how.

Why does love destroy itself?
Why does it smother your thoughts?
Why don't the tears console you
When you're only thinking of your love?
Don't ask yourself why,
because that why has
no cause to answer you why.

That's the point
The illogical logic…
The what of what
when one fine day
your soulmate bids you goodbye

without ever caring about the why.

THE WALTZ OF JEALOUSY

This thing flooding over me in despair…
How does it come to be?
Creeping up on the most hidden depths of my being,
Ripping away at the calmness of my soul,
Bursting into my sanity with crazed syllables.
Inexplicably, what storyline plays out in my mind?
How has it wretchedly taken over me?

My beloved, do you know with certainty how much I love you?
How many battles of emotions are stirred up within me?
You, eyewitness to my journey among violent eruptions of doubt,
have you never had any inkling of the times I watched
you in slumber and touched your naked skin?
Still against the sinister desire to end your existence!

Hundreds of times I have beseeched God
to put an end to my Machiavellian agony.
Foolish me, demanding that neither the wind nor the sun
overpower your senses out of a fear of losing you…
I reject that imposed insecurity that you have given me.
I cannot negate my fearless possessiveness spawned by passion.
Although I may try, I cannot cease being yours.
You have rattled my conscience like no other.
But I know that in the wrappings of our skin,
we spellbind the uncontrollable memory of love
and that you are indelibly within me.

This thing flooding over me with its whirlwind,
is not like the melodious ballroom waltz or aristocratic rhythm
that you can enjoy by merely adjusting your moves.
This flood sends its demonic cackle to mock me.
Just like a torturous mask that cannot be removed.

This flood is just a sudden, stormy instant
with its suffocating stench of Hell.
It quashes your senses, tramples your brain,
your spirit, ceaselessly, furiously stabbing you.

You search for a sign of calm, a moment of repose…
You devise a path toward peace that might numb the doubt,
or appease the fear that twists your gut.
It is a cold sweat that moistens and consumes your body,
choosing a sudden tremble to shake
every fiber of your rigid skin.

It is a horde of ravenous piranhas
Senselessly devouring you, in salt and spleen
as the curtain draws down…
It is as if you felt that trust
were weakened at times
and you try to rescue, protect it, not knowing how.
You ask yourself… why?
And the silence fails to respond.

You shout at time, daunted by the distance.
Your serenity unraveled
in the lone alleys of anguish,
in the dizzying gyre of anxiety…

You carry on absurdly
with no sense of direction
among shadows shackled to fear.
Battered by mirages of selfish orgies.
Besieged and stripped by outrageous suspicion.

So, again the question arises: why?

Why? if you do love her boundlessly…
If, as she says,
you hold the keys to her fidelity,
the lock to her heart.

You try to convince yourself that her feelings
and her body dignify her in the face of purity;
Do you know it? Do you believe your own knowing it?
Do you know whether her seagull eyes
glimpse the dawning of your joy?
Is she tenderness incarnate?
Is she the lair of your happiness?
Why do you doubt? Why not?

I am the same man
that your eyes once knew…
Far and wide along that trail
of kisses and pages filled with love.
Accompanied by all of life's events,
with the passion and feelings
that yearn at every instant
to hold you against my chest.
I know, I want to believe that we are united
amid the love-imbued perfume of happiness.

This thing flooding over me to the point of fainting…
it is not like the melodious ballroom waltz
or aristocratic rhythm that you can enjoy
by simply adjusting your moves.
This is another waltz, without melody,
a single instant endlessly drumming;
as fleeting as thunder, as powerful as lightning,
but smacking of madness, smashed,
choleric, lost, hopelessly sunken
in the dusk of jealousy.

Why? I am still unable to understand it.

But you are here, now, with me… full of intimacy.
You kiss me, my love,

and all is **forgotten**.

YOU WILL BE...

You will be an orchid cloaked in mist
playfully revealing the dawn light.
Noble, pure, subtle to my senses…
untarnished virtue intoxicating me with pleasure.

Delectable like fresh fruit
bidding me to taste your juicy pulp,
unique, indelibly seared into my palate…
such a savory experience of passions.

Auspicious warm gust,
whose exhilarant embrace imprints its traces,
alluring mistress, orgasmic tinge of sunrise
startling my sex in saunters through the park.

Blessed crystal pool
that slakes my thirst when walking…
limpid delight never fully consumed,
constant tender reflection.

You will be infinity to my life
that passion never drained by distance.
You will be the long-awaited surprise,
and possibly you'll be … everything!

But never absence.

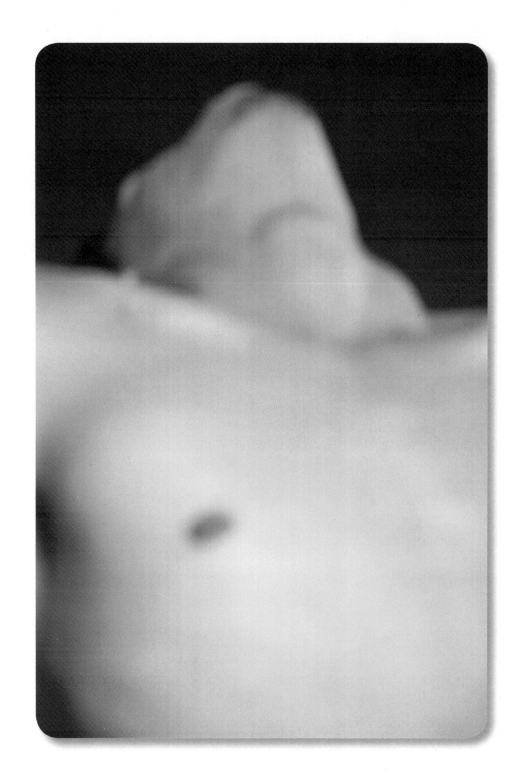

MODIFIED CONCEPT BY:
RAFI CLAUDIO AND MOCTEZUMA BRAUSSI

MODEL: WILBERT VALDIVIESO

PHOTO BY: RAFI CLAUDIO

INERT

You wanted to give your own breath
to bring my soul to life…
You wanted the graze of your eyes
to madden me with passion…
But now you no longer can.

You wanted my nakedness in yours,
my pearly thick liquor flooding about you…
You wanted my seed sown
its harvest later gleaning…
Now a futile endeavor.

You wanted my smile in yours
Improvising duets of laughter…
You wanted to erase doubt and bury envy,
rescue my depth with yours…
But … you decided on the contrary.

You wanted to vanquish your desire for desire,
undo this aberrant, unforeseen impulse.
You wanted to pardon the unpardonable,
sequester silence and lose yourself in reticence…
But now none of that is possible.

It will never come to pass, my love.
Why? Why?
Because you cast me into the arms

of death!

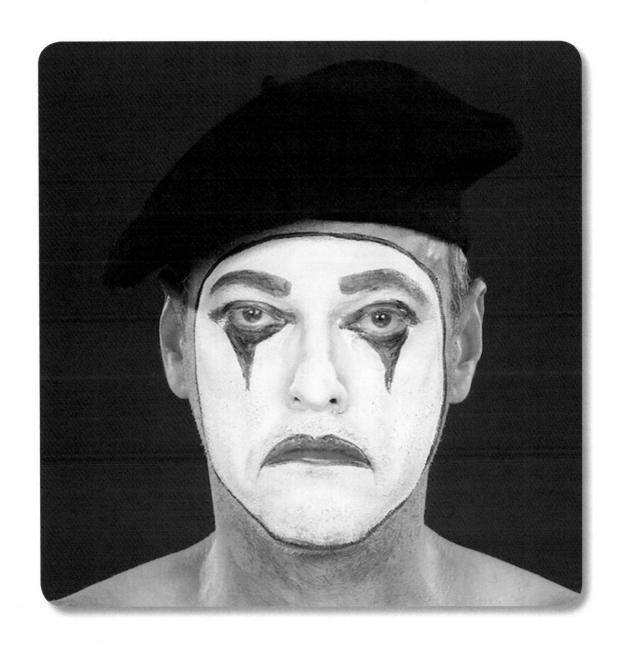

VISUAL CONCEPT BY:
MOCTEZUMA BRAUSSI

MODEL: ALEXANDER PABON

PHOTO BY: RAFI CLAUDIO

TEARDROP

A mere drop of water not dew
from my lower lid,
you emerge stark naked …
Infamous crystal drop
from some hidden corner
boldly cast out…
You've touched the mural of my sorrows
and the canvas of my joys.

Drop of fragile texture,
damp trace of silence
you let yourself slide along my cheek…
Drop of wounded tenderness,
formed in the deep pain
of a heavy sob …
You do not shrink from who you are
or flinch at any treason.

Drop born of purity,
you taste of those waves
that come crashing on the reefs…
Colorless, aimless drop,
fleeting recluse of love
which you never venture to hide…
If it were not for you,
no one would know of my grief.

Drop, bastard drop,
you won't ever bear my name
since many matter so little to you…
Drop forever orphaned,
homeless yet in every home
resigned to eternal oblivion…
Bravely you face my own dereliction
only to disappear

in the breeze and the heat.

MODIFIED CONCEPT BY:
RAFI CLAUDIO AND MOCTEZUMA BRAUSSI

MODEL:
WILBERT VALDIVIESO

PHOTO BY: RAFI CLAUDIO

ASHES

Leafstorm of sweet murmurings
now withered
gale of marooned hopes
leading the soul to drift.
It bore a fragrance of stars,
processions of paramours,
yearnings daubed on a canvas
and thoughts of an echo hidden
amidst a thousand horizons.

White glow of an idyll,
whisper of kisses on a warm bed
laying bare the pain of remembrance;
He inhaled the incense of silence,
of fleeting vertiginous time,
the possessive blaze of love
and the must of jealousy
poisoning the wind.

Burden of a virgin cocoon,
dawn of multihued romances,
outline of a vow;
He embraced pastures of illusions,
furrows sown with fortune,
brisk rivulets of passion,
the loyal caress of pure breezes
that never abandon their heaven.

Strand of inseparable longing,
meadow of joy and piercing cries of pleasure
unraveled in oblivion;
He handed his defeat to fate,
losing the sweet gift of happiness,
the impetuous fire of his heart
lying shattered, ragged,
bereft of the taste and color of tenderness.

The hours are marked by yearning, days of idylls…
scenes, images, anecdotes.
Months and years of illusion once clasped in his hands,
ashes hidden in an urn of primordial marble
that you scattered and freed
in the depths of the sea.

"We are...
a latent truth
erasing absence,
a sequence flowing
mid-air: Sun and moon
barefoot in the sand, brine
curdling on the algae
of foam-strewn couplings."

CONCEPT BY:
RAFI CLAUDIO AND MOCTEZUMA BRAUSSI

MODEL: JORCELIE AGOSTO

PHOTO BY: RAFI CLAUDIO

YOU'LL RETURN…

At some point, at any moment …
today, tomorrow, here or there.
it doesn't matter…
rightly or wrongly
you'll come through the door of silence
that opens over time.

And behind you, hope;
like meticulous tissue
trembling body, lips and heart.
Being with no reason for being,
with no affirmation or negation,
shaken by the insistence of your grief…

You'll come when
some trick of remembrance
and that street in September
with its clamor of keepsakes
teases out persistent dreams;
and present thoughts and caresses
spend the night in the frost and fire
of some verses penned for you…

When remorse's restraint
and destiny lash at your retreat.
When absence releases me,
and loneliness and distance
cease to badger my feelings
and bewildering pain abandons my heart
like your promises cast to the wind…

When I no longer look for you
or wait for you…
when all has simply fallen in vain.

At some point…
At any moment, despite you,
Your face cloaked in repentance.
Despite everything,
Here or there, today or tomorrow.
It doesn't matter…
You'll return...!
But I
will already be gone.

MEDITATING ON EXISTENCE

BETWEEN INTROSPECTION AND REGRESSION

"I AM MAN"

PHOTOGRAPHY AND
VISUAL CONCEPT BY:

MOCTEZUMA BRAUSSI

MODEL: MOCTEZUMA BRAUSSI

I AM MAN

Friends, by design… life is **not** an absurdity.
Simply a carriage of disconsolate unknowns
that passes through regions of spent silence and apprehension.
A carriage pulled by drunken steeds
in a core of ill-defined solemnities,
resounding waltzes of confusion, hatred,
racism, and mediocrities.
Panting hemorrhages of beliefs schemed
by the cyclops of human weakness
that categorically preserves the syndrome of the unconscious,
nourished by false appearances.
A carriage, yes… with its hinges rotting away
from the salt of uncertainties.

Between life and death a premeditated abortion failed.
Unsuspectingly, this I that is **me**
had the privilege of being "between living and not living,"
which by right seems questionable, simply to be born!

-And I slid from the unquenched placenta without being abolished,
scented with the impure aroma of antiseptics,
with a timid and innocent stare
barely making out the blank faces;
my nakedness adorned in blood and amniotic fluid,
bidding farewell to her damp niche
and usurped by that umbilical cord,
with a "no" because <u>yes</u>
from her immense and adventurous breasts.

From that sensual nest I sensed rejection,
from that nymph the absence of her lap;
and a twilight announcing hints of spring
my reality was awakened
with a hungry cry of tenderness.-

And so, that lurid accident of life,
transformed into acrobats
the rungs of distance and time
among the susceptible spires
a stampede of defiant self-affirmations
at the edge of an impulsive abyss.

Life is not an absurdity, no…
The absurd is found
in the intense pitch of phantom dreams
where existence is a repetition
of sensitive events in chronic suspension;
a multifaceted vertigo,
a labyrinth of meaning without meanings
against a world depeopled by orphan beggars
hounded by fear,
like the piled feces of unjust justice,
annihilated by the famine
of dreams impaled, wavering in time.

Introjection, projection, identification,
rationalization, idealization, sublimation,
conversion, compensation, and transference;
all of what psychoanalysis categorizes
as a backroom of defense mechanisms,
it is nothing more than a human settlement
suspended in a ring of unwilling accomplices
in the flushing of hemorrhoids.

Unusually, a dead-end alleyway,
of stifled, delicate prefaces
in the emotional horn of plenty.

It is said that in the beginning there was the word,
with man created in His image and likeness…
with all that is visible and invisible, intellectual,
moral, and spiritual in human beings.
Yet, destined without attachments to coexist
with free will and its consequences.
I can affirm that in the long battle with nature,
body to body with the earth and its elements,
I have learned that in the farmer's harvest,
his legacy was the fruit;
and the fruit was speech cast into verse,
and the verse into strings of fire without silence,
insatiable, engulfing the soul.

I am what I seek not to distort
in that fleeting epicycle of adventure.
Since I was born and could not have been born,
the questions coexisted incestuously
in the hushed rumors of misgivings.
I met the exposed precociousness of my sex
along with all of the ejaculated secrets
of a provocative adolescence
leaving behind a forlorn childhood like a parched whisper.
I ran from experience to experience, I wept with a deaf cry,
I fought rebelliously, with inflamed audacity
against all the signs that nurture oblivion
and the agony of independence.

I knew the life of living, the death of dying…
oh, how I loved, yearned, doted, and later lost;
those who loved me or in the end hated me,
there still remain strangled experiences
and scratch marks of impassioned occurrences
in the crossroads of my memory.
Where I was and where I am no longer,
in that anthology of the stars
I am a nimble number sweating
in the geometry of what can never be waylaid;
there you will find my humble traces.

I am a furious gladiator drenched in blood
signaling the invariability of the inerasable,
a supplication that has coupled
with patience, compact,
embracing the maniacal flavor-hued pyre.
A plain sketch of my face
dismembering the misfortunes of fate
and a metaphysical whole made up of my legacies.

I emerge, it is I …
With a name, date, clothes,
creed, culture, and flag,
the freedom of a sculptor who cuts,
whittles, and punctuates the virgin wood;
exalted by rain and fire,
authentic in the open sky of pride
where the light and the wind
were reluctant witnesses to my cradle.

Friends, strangers, or acquaintances… it does not matter to me.
Here I am, I have little or much to offer.
That is yours to decide when I am kissed by death.
I must carry on toward the border
with my passport and my baggage,
with a past and destination checking the agenda,
despite thirty-six voyages.

Expect nothing of my money or my debts…
Or to be given the exclusivity of making up fables.
I know that it will happen nonetheless.
You will not let the opportunity pass.

I leave you only with the legacy,
with the tenacity of my acts.
The thirst of seeking out my inner self.
A friendship that knows no betrayal.
The dreams that some knew and others overlooked.
The memory of every woman
who caressed my heart and made it hers.
That sincere smile harvested by my lips.
Everything that I have written
daringly or with fear…
And the repressed desire
to have never found
my father from Guadalajara.

I leave, above all, a man…!
And his perseverance

as testament.

THE APPLE OF TEMPTATION

PHOTO AND VISUAL CONCEPT BY:

MOCTEZUMA BRAUSSI

APPREHENSION… HEARTBREAK IN THE CALM OF REMEMBRANCE

We were not that first love.
But no, I do not speak of a couple's love.
Maturity failed you, woman.
Insensitivity took hold of you, mother.
I imagine I will never know the reason.
And as usual I will tell myself:
-…**"because that why has
no cause to answer you why."** -
In you, I know that I was merely
a haphazard slip.
The sowing of an unwanted seed,
the harvest you never cared to gather,
Juana De la Cruz.

Angela, however, you
breastfed me with tenderness,
you laid claim to my heart, my whole being.
I was the fitting justification
to overshadow your heartbroken existence,
the blessed fruit that rescued you
from that painful motherhood
distraught by the evil eye
and the envy of others.
I discovered too late—after your final farewell—
just how foolish and unfair I was
to reject your maternal love.

Perhaps it was the boyish smirk.
The vaunted glance of sadness…
or that versatile fluidity of my speech
that captivated you the first time.
Doubtlessly, the autumn, the winter
the spring, and the summer
were neither blind nor unknown
in the presence of our bright, youthful passion.
The forgotten reality of our goodbye,
Hearing from your father that what was **possible** between us
was **impossible** for him, **Carmen Nereida**.

You came into my life, **Ana Isabel,**
at a time of confusion.
You, virgin maid of Guayama,
rented rooms in my mind
and dwelled in my abandoned feelings.
All sense was lost on us in the madness of passion,
we danced through the streets of Haiti
interring my sufferings of self.
All of this, in complicity with your mother.
With you, I savored the bittersweet tang of spite,
I was caressed by the slap of your heartbreak
as you sensed defeat for failing to win me over.

After nearly an eternity,
or so many brief, damp beds;
I saw, I came to know your Cleopatra face,
I admired your Venus like features.
I fell for your Juliette heart.
like a foolish, impassioned Romeo
one evening in winter.
We were two opposite worlds
In the same rebellious universe;
I could not promise you faithfulness
as I was still young and imperfect.
You were defeated by the dreary workaday routine
and your own infertility in life.
You are now no longer here, **María Teresa**.

Come back, touch me, kiss me, seduce me…
Norma Esther, just like before, as always!
Place your slender, soft fingers
where your fleshy, passionate lips
once savored my manhood, sending me bursting
like a thundering cannon.
Come back, sit me down, bite me, conquer me…
my sleeping beloved, now, once more!
Let me feel the life I have left inside you,
let me imagine that you are somehow still here…
even if, when I'm awakened by the sun,
I discover that I've ceased to hold you.

There was no pause, comma, period…
or points of exclamation
that could dissimulate the allure
that you fueled that early morning.
Those glimmering eyes of mountain-green,
the rhythm of your voice and the grace of your gait
led me to think that there was
no other woman as impassioned as you, **Milagros**.
I sensed that you were singular, distinct, unique…
a subtle brushstroke of a rose from San Sebastián
so delicate, perfumed, and haunting.
I approached you thirsty for affection,
and drenched in emotion
I succumbed before the doors of your love.
You overflowed upon my shores,
like a river with no course;
in love, you rewarded me with that most
prized gift I could ever imagine receiving…
the blessing of being a father!
But I was unable to rein in my unfinished affairs
or the derangement of my senses.
Nor was I able to rewrite and edit
the novel of my sins and distresses…
and I betrayed your trust.
Your love is, has been, and continues to be
loyal, faithful, committed, sacrificed…
I only know, to my great regret,
that I did not know how to deserve you.

If I had known
what I always knew and tried not to know…
From that moment I would have prevented
your gaze from crossing mine,
without thinking twice, I would have blocked
the sound of our voices upon being heard,
I would have immediately stopped
the beating of my heart along with yours,
and would have severed off
all of my limbs
that with a touch
might have caressed you.
Because of your damp skin on mine,
I seized my apparent freedom
condemning myself to a sentence for life
in the dungeon of your love.
Evident febrile fatuity… **Dina Marie**,
because I left, I sought refuge, and I deserted
those who did not deserve
that insensitive, selfish detail.
If only I had imagined
what I was imagining and what I tried not to imagine…
what I never knowingly knew,
my existence, my soul, and my thirst for resolve
would have taken another direction.

I died and rose again a hundred times
hungering for what I lacked unreasonably.
**Evelyn (Deidre), Renee Michelle, Vicky, Fay,
Solange, Miriam, Maline Maneewa…**
in addition to you, there were many more
in that trot along the path of life.
I know… five thousand others
besides the ones I redeem into being.
I was infant, boy, adolescent…
man and human being I am, existing.
I wandered, searched, and fucked, merely being or living
in that virile, vibrant, vain
and often vapid journey…
of apprehension upon apprehension,
of illusions, loves,

and heartbreaks.

FULL MOON AT THE LAKE

PHOTO AND VISUAL CONCEPT BY:

MOCTEZUMA BRAUSSI

AND NOW
THE STORYTELLER…

A GIFT IN A PHOSPHORESCENT BAG ©

(EXCERPT)

He looks extremely nervous, anxious, not wanting to take his eyes off the clock. By his side, in the passenger seat, is a gift in a yellow-handled phosphorescent bag duly stuffed with silver and red wrapping paper and festooned with a huge green bow. The man—not quite in his forties—seems far younger, as he runs over the contours of past experiences, beams of light bouncing off his cheeks sparking hopes and dreams. The vestibule of his mind unwinds to a cheerily scored *danzón*.

The late afternoon is perfumed with the smell of pine, *pascuas* and high-octane *pitorro*. In the distance he can make out the melodies of roving carolers, ear-splitting firecrackers and the cheerful din of thrilled children in their homes. The birth of the Christ child and the arrival of Santa Claus—"that bearded old fat man with the flushed face"—being the star attractions for the holiday season.

That Monday, December 25, minutes before 5:00, the humble construction worker was heading to his girlfriend's house, careening to cut the distance that separated him from her. During the trip, he couldn't keep his thoughts off of her and all the plans they'd hatched together. It was then that he remembered their last conversation.

"My love, my love…." she murmured to him in a deftly sensual and romantic tone. She was sure this time that she'd get what she asked for.

"Tell me, *preciosa*…." He answered slightly averting her gaze. He could feel his girlfriend's prying eyes burning into his side, and he somehow sensed the trap she was about to lay. You didn't have to be a psychic to know there'd be no escape. And then the question once again resurfaced: determined, incisive, insistent. He realized he couldn't keep avoiding it and that he'd reached the end of that road. And then question came: How sure was **he** of taking the plunge?

THE BET ©

(EXCERPT)

(Two days before Saturday)

In a busy bakery a strange, yet hardly absurd, plot was brewing between two people, thick as thieves.

"Remember … once you're in the 'thick' of it, that's when you've got to carry out the plan. Use your sensuality, shake it around a bit … stick it in like a piece of candy. When he's least expecting it … va-voom, all the way up his cornhole! Pump it, baby, ha, ha, ha! If he doesn't squeal like a pig or faint, well, we've got our proof that he likes being 'pegged.' Don't forget the dildo and the lube … I'm sure you'll use it well. Heh, heh, heh … this is the chance we've been waiting for, our moment of revenge, knock him off his pedestal and take some air out of that pompous balloon. It's about time he got some churching. Did you find someone to take photos or a video?"

"Don't sweat … everything's taken care of. What's the general consensus? Is there much enthusiasm?"

"A lot. Nobody believes you can pull it off. He has a lot of credibility. You only have to hit your target and you'll be doing fine. You'll make more than you imagined!"

"You know I'm not in it just for the money; it's personal. He doesn't suspect anything?"

"Absolutely not. He'll find out that day when he comes to get his prize. Heh, heh, heh…"

"And I played solo
As we did in duet:
unhurried, with no
trivial designs."

MODEL: MOCTEZUMA BRAUSSI

PHOTO BY: RAFI CLAUDIO

PART TWO
SPANISH VERSION

SEGUNDA PARTE
VERSIÓN EN ESPAÑOL

TU, YO… Y NOSOTROS

TREINTA Y 7 MOMENTOS DE AMOR, PASIÓN, TRAICIÓN Y DESPECHO

MOCTEZUMA BRAUSSI

El Jaguar Azteca

CRÉDITOS

Foto de la portada y contraportada por:
Rafi Claudio Studio - basado en conceptos de Moctezuma Braussi

Fotografía de:
Rafi Claudio Studio - basado en conceptos de Moctezuma Braussi

Diseño y Arte gráfico de:
Juan Carlos Medina – basado en conceptos de Moctezuma Braussi

Fotos adicionales y dibujos:
Moctezuma Braussi
Stephano
Andrew McCarthy – Astro Fotógrafo

Bandera y utilería:
Zayda Cuadrado

Modelos:
Leyla Zahar
Alexander Pabón
Denisse Milián Rodríguez
Jorcelie Agosto
Wilbert Valdivieso
Jacqueline Ávila
Moctezuma Braussi
Julia Elizabeth

Maquillaje por:
Alexander Pabón

Productora/Consultora
Julia Elizabeth Young

Productor Ejecutivo/Director:
Moctezuma Braussi
Correo electrónico: MoctezumaBraussi@gmail.com.

Representación Legal: Lcdo. Carlos Géigel Bunker

RENÉ MARQUÉS GARCÍA, QEPD
AMIGO, CRÍTICO Y PADRINO

JOSÉ M. LACOMBA ECHANDI
MENTOR, AMIGO, CRÍTICO
Y CONSEJERO

JULIA ELIZABETH YOUNG
PRODUCTORA/CONSULTORA

ÍNDICE

YO TE INTERROGO, VIDA

SER SURCO EN LA TIERRA

TU OLOR NO SE PIERDE

AMOR… DEFINIRTE ME COLOCA EN PAUSA

MEDITA ESTE YO EXISTIENDO

CONOZCAN AHORA AL CUENTISTA…

PRÓLOGO

A mis tres años de edad descubrí mi pene. Cuando cumplí los cinco, escribí mi primer poema. ¿Temprana precocidad?

Entrando a los diez años de edad (debido a ese primer encuentro con mi sensual vecina) experimenté y sentí por primera vez la intimidad, el sentimiento y la pasión de ese acto **físico** del amor.

Luego a los doce, intuí cuán esencial era saber '***quién soy yo***', comprender y entender por qué como ente debo ***ser***. Comencé a aceptar que no es posible cambiar lo que la vida te ha deparado pero que puedes hacerle modificaciones al final del camino.

Ya a los catorce, entre tantas otras diabluras, realicé la increíble proeza de saltar a lo alto y a lo ancho un auto Volkswagen. Una vez más, volví a demostrarme que no existía ningún obstáculo que me impidiese llevar a cabo mis objetivos.

Llegados los veinte, partí de ser un rebelde adolescente para convertirme en ese hombre asertivo y de compromiso en sus diversas manifestaciones. Analicé lo imperativo y sustantivo de crear conciencia de mi identidad , el amor a la patria por sobre todas las cosas y por qué es tan significativo e importante continuar la lucha colectiva hacia un bienestar social y soberano para mis hermanos latinoamericanos.

Comprobé que todo trasciende, que inusitadamente, advenimos a las experiencias y retos que nos depara el destino en ese intenso pero breve sendero de la vida.

Hoy, en ese congestionado tránsito de la avenida, voy en pos de realizar otros sueños, nuevas metas y objetivos: presentarme humildemente ante ustedes como el escritor, en éste mi primer poemario (donde les incluyo 2 fragmentos de dos historias como anticipo de mi próximo libro de cuentos).

He aquí: los sentimientos, vivencias y experiencias de todos ustedes, de aquellos otros, y por supuesto… ¿por qué no?, las mías también.

MOCTEZUMA BRAUSSI

El Jaguar Azteca

AGRADECIMIENTOS

RENÉ MARQUÉS GARCÍA, RIP
AUTOR, DRAMATURGO, CRITICO Y MENTOR

PROF. JOSÉ M. LACOMBA ECHANDI
AUTOR, DRAMATURGO,
PINTOR, CRÍTICO Y MENTOR

JULIA ELIZABETH YOUNG
PRODUCTORA/CONSULTORA)

DAVID A. AUERBACH
TRADUCTOR/EDITOR

LEYLA ZAHAR
LEYLA ZAHAR BELLY DANCE
DIRECTORA ARTISTICA & MAESTRA

ALEXANDER PABÓN
MAQUILLAJE ARTISTICO/MODELO

RAFI CLAUDIO
FOTÓGRAFO

"TU, YO... Y NOSOTROS"

CRITICAS DEL LIBRO

-"...Estos poemas valen mucho y creo que perdurarán
dentro de nuestra literatura nacional"-.

—René Marqués
Autor de "La Carreta"

"... es una poesía sensual y apasionada."
"... seductora, romántica, con una calidad expresiva de imágenes
que la convierte en una obra maestra poética."

Jason Brye, Crítico
Pacific Book Review

"... Braussi combina una versión refrescante y honesta de los
apasionados tonos del amor con una espectacular muestra
de lenguaje figurativo que va desde majestuosas frases de
personificación hasta metáforas que impregnan la compilación
con energía conmovedora. He aquí una obra maestra literaria."

Mihir Shah, Crítico
The US Review of Books

VEN, CAMINA CONMIGO POR EL SENDERO

Photo by:
Moctezuma Braussi

YO TE INTERROGO, VIDA

"La Vida, a su pesar o deliberadamente
te golpeará, sacudirá y te traicionará…
Pues la Vida es intrínsecamente
un acertijo de realidades."

MB

CONCEPT BY:
MOCTEZUMA BRAUSSI

PHOTO BY: RAFI CLAUDIO

EN LA ESPERA INDECISA HUYÓ
LA PREGUNTA CON SABOR A DUDA

Cuando me ovillo ante la naturaleza
de esplendoroso escenario
contemplando lo indescriptible,
lo trascendental de las formas,
el combate unísono de colores dispersos
y los aromas enamorados,
mi espíritu etéreo
se regocija en esa visión solemne.
Entonces, toda esa magnificencia
se inmuta y se rebela…
Acontece, mi curioso corazón
se trastorna reflexionando cosas
donde el desolado cerebro
ha desistido meditar.

Yo me pregunto:
¿cuál es el propósito del ente pensante
en esta dispareja existencia?
¿Cómo llegamos al capítulo del error?
¿Por qué esa ansiedad de perfección?
Probablemente sean sandeces
que habitan en la soledad humana,
conceptos teológicos que repercuten
al raciocinio fundamentalmente filosófico.
A veces cuestiono tantas aguas turbias
acumuladas en la ciudad del tiempo,
en la orilla del destino
o en el cauce altanero del porvenir.

Me pregunto:
¿qué es bello? ¿qué es lo feo…?
¿En qué se basa el vulgo para juzgar lo estético?
Si bien es cierto, lo que le guste a uno,
otro indiferente pueda desdeñarlo.
Indudablemente,
los parámetros se diseñaron
a conveniencia de los eruditos.
¿Por qué sí? ¿Por qué no?
Pero, en realidad, ¿quién soy…?
¿Para qué? ¿Por qué soy?
¿De dónde vengo…?
¿De qué polvo sideral se creó mi ser?

Un certificado de nacimiento
indica que vi la luz
en el condado de Brooklyn en Nueva York
y mi padre,
marino mercante de profesión,
es de Guadalajara, Méjico…
Pero, todo eso
es simplemente circunstancial,
ocurrió y ¡ya!

Mi polémica es otra,
las contradicciones son muchas,
mis sentimientos no pueden ser
un oráculo escrito,
ni el telón final de una vida.
A mi me preocupa
lo que ignoran los necios,
me importa lo que el ego rechaza
y el superego gratifica.

Me desconciertan
quienes creen conocerlo todo
más nada saben
sobre la pureza triturada,
olvidan de inmediato
las frágiles osamentas de niños
condenados por la hambruna.
Cierran los ojos
a la sin par masacre terrorista,
dejan testigos sangrientos
por un ideal moribundo.
Son sucesos velozmente exterminados
donde transcurrimos,
neblina con falda de muerte
que corre entre las hojas secas
y la paciencia de la vida.

¿Qué se siente…?
Yo te interrogo, 'Vida'.
¿Qué se siente cuando la ira,
el odio, la venganza
y el rencor se inmolan
en el paredón de la bondad…?
¿Qué se experimenta al despojarnos
de los harapos de la envidia,
el bastón de la idolatría,
los guantes de la enemistad…?
¿Y cuándo echamos
a la hoguera de la confianza
el retrato de los celos
y el ambage de la mentira…?

¿Qué es?
¿Qué se puede sentir
al ver apedreada la benignidad
en la puerta carcomida de la inmundicia?
¿Si nos bautizamos
en el pantano de la lascivia
y descuartizamos la fidelidad
al filo de la navaja manchada
por la hechicería del adulterio?
¿Puede protegernos
el hábito de la mansedumbre
y la sotana de la templanza
contra la borrachera enmascarada de los vicios?
¿Contra el excremento infernal
del pozo negro de las drogas
y la lepra orgásmica?
¿Contra el vómito de la pedofilia
y la distorsionada podredumbre
de la preferencia sexual?
¿Nos libera el suero del respeto
de la plaga de la lujuria?
¿Nos inmuniza de la fiebre amarilla del homicidio?
¿De la mordida letal de la serpiente del hurto…?
¿Desertamos como soldados del bizarro sadismo
o vitoreamos el fornicario masoquismo
procreado por 'aquel' arrojado de los cielos…?
¿Padece el pecado de erosión
al no ser exaltado como el rey del placer?

'Vida', ¿no es cierto
que seremos sentenciados
el día del juicio final
a una pena o una dicha
de acuerdo a nuestras desventuras?
¡Exteriorízate, abandona la muda vestidura
y dime como surgía lo que surgió…!
Despoja tu sabiduría del anonimato.
Muéstrame la morada de la verdad,
la cuna de los hechos,
la placenta de las causas.
Quiero saber,
paso a paso lo incoherente
que personifica el pensamiento,
cuál es el sonido de la ilusión
y el color del dolor.

Aquí, en silencio
aguardaré tus alegatos,
escucharé lo inverosímil del secreto
y la verde manzana ardiendo,
seré testigo
de la nube asesinada
por el relámpago,
atraparé la sílaba escondida
en el hueco del tronco
y extasiado…
escribiré la leyenda del desnudo
de la desnudez desnudada.

¿Qué se siente?
Contéstame, 'Vida'…
¿Qué siente el alma
al ser indultada de su condena…?
¡Dios mío, qué se siente!
¿Es más hermoso que el destello de un lucero
o la alegría inocente de un niño?
¿Tan invencible como el amor
y edificante como la paz?
¿Acaso es eso el gozo del espíritu…?

La 'Vida' miró a mis ojos
de mirada triste interrogante,
a mi faz lampiña adornada
con un minúsculo bigote.
Se concentró dudosa
a la mueca liviana
que dejaba escapar
una sonrisa extraviada
y se percató del ancho pecho
y musculosas líneas atléticas
de amarillento marrón;
no quiso detenerse
en el camino pubescente
que baja desde el ombligo
hasta la enredadera
donde se erige la roca genitiva.

Sólo enterró su mirada en la mía,
sólo causó temblor en mis extremidades
y me dejó suspendido
por la magnitud de su dominio
y solitaria herencia;
por su profundidad de agua y viento,
por su firmeza de tierra y cielo,
variedad simultánea de eternidades,
por su reposo interminablemente repartido
a dulzura de epidermis.

Fue una hora de siglos
la espera indecisa,
sólo sus manos
como pétalos de aurora
fueron centinelas que midieron
mi vértigo de luz curiosa.
La escuela de su donaire
me humedeció
con su literal y punzante silencio.

Inferí la incógnita, deducía lo lógico;
martillé en mis sienes
la búsqueda de la contestación,
pero la 'Vida',
callada permaneció.

Abrí la puerta
en dirección hacia la calle
y con las manos en los bolsillos
caminé sin rumbo.
El matutino domingo,
el sol y las caprichosas nubes
aguardaban la próxima misa cantada.
Ya no pensaba ni preguntaba…
de mis poros emanaba
una cosquillosa efervescencia.
Sólo sé que suspiré emocionado…
Fluyó un hálito consolador
y quedó la duda sin **sabor**.

CONCEPT BY:
MOCTEZUMA BRAUSSI

PHOTO BY: RAFI CLAUDIO

ENIGMA

Dejad que el verbo desaparezca
y silencie a la humanidad.
Permitid que sucumba lo frágil
y se suicide la verdad…
Que el destino sentencie
a quienes no saben amar…
Tiemble en cuclillas la muerte
cuando observe al Redentor rezar…

Nada importa, nada.

Volar en picada como el halcón
tras un nuevo amanecer
en busca de un ideal…
Llegar tan lejos hacia el infinito
por ser la meta inmortal.
Pensar en la pureza
con la esperanza de lograr
un molde lleno de gentileza
como símbolo de amor por perdurar…

Nada importa, nada.

Sólo importa soslayarnos…
hundirnos en el olvido.
Sólo importa resignarnos…
mirar al cielo y esperar
que nos alcance la muerte.
Sólo importa esconder la vista…
Olvidar porqué vivimos
aceptando nuestra derrota.

Sólo importa sin importarnos
la crueldad de la gente,
la miseria que reina poderosa,
el burgués que alimenta su codicia.

Sólo importa
que exista la ignorancia
y creamos en la burocracia,
mal desdeñoso que nos incita.

Sólo nos queda
cerrar los ojos…

y que Él, ¡decida!

¿?

"*In that moment of indecision...*"

PHOTO BY: RAFI CLAUDIO

PAZ

Cuando el Verbo desista
de su dudoso existencialismo...
El género ultraje su inequívoca naturaleza,
el resplandor del sol ultimadamente
fallezca en las tinieblas...
y el roce de unas híbridas manos
evoque significado alguno...
Propondrá el ocaso de todo aquello
que haya adulterado contra el amor,
y ya no busca ni encuentra tenazmente
el camino hacia la verdad.

Cuando la sonrisa olvide dibujarse
en los labios anulando su expresión...
La Nada se convierta en un conjuro del Todo
otorgándole al vacío
un toque de maldición...
Procurará el final de aquellos
que han desheredado el pensamiento,
tercamente castrado sus conciencias
por huir del castigo de la soledad.

Cuando nos preguntemos asustados
porque la ignorancia
se encumbra de majestad
asimilando máquinas
y destruyendo humanos...
Cuando importe más la ironía
con sus intereses creados
y el comunismo arroje a un lado
su visión humanista...

Terminará de por sí la huída hacia dónde
y el porqué no contestado,
las miradas huecas y su tronco atolondrado.

Cuando de los ojos del corazón
la piedad se haya marchado
dejando al débil
como carroña para el buitre…
El arco iris olvide
la armonía de sus colores
y la lluvia sea
chispa de fuego en su caer…
Y todo, todo haya desvanecido.

Será entonces el fin del silencio
y la agitación de la calma,
el desdén de las sombras
acariciando la muerte.

¿Cuándo...?
Cuando de la Vida haya emigrado la Paz.

SURREALISTIC CONCEPT

PHOTO BY:
MOCTEZUMA BRAUSSI

VOZ DEL SENTIMIENTO

Soy una palabra
que no emerge de la oscuridad
ni proviene del silencio.
Vocablo sin perfiles dibujados
guarnecido de espiritualidad.

Verbo ausente, cuando me apetece,
de complicadas o sencillas oraciones.
Sin pausa, comillas ni punto…
Soy término, ideología,
sosiego e interrogación.

Vuelo sin ataduras convencionales,
milito entre diversas fronteras.
Soy trova…
Musa y madre fecunda
de la música.

Llorar es mi duelo constante
con la alegría, lo ambiguo,
la ironía.
Tengo el alma de guerrero
y la asiduidad de un pacifista…
Más siendo una vedada soberanía
jamás osada por el hombre,
yazgo comunista como Jesús, el carpintero.

Doy significado
a la bondad y al cariño
amigado a la raíz de lo absurdo.
Todavía no acaece mortal tan profundo
que me haya definido.

Soy esa voz
al alcance de todo el mundo…
Pero esgrimida como espada
por **Quién** me plasmó.

He sido y soy esclavizada
por la ignorancia, por el odio
y la moneda repugnante
que engendra interés
y ciega corazones.

Más que una simple señal
he exigido ser articulada
fuera de la mediocridad,
lejos de la burda vulgaridad…
omitida de la burla demoníaca,
escondida en la conciencia.

Soy la esperanza futura
de existir sobre la faz de la tierra…
ya no como verbo, palabra, o vocablo,

sino como un **hecho**.

SER SURCO EN LA TIERRA

EL VIEJO HILARIÓN

Constructor de esperanzas, caudillo de intensas batallas,
erguido enfrentaste la vida, el destino, y la muerte…
Jamás cediste tu arrojo ante el infortunio.
He observado más allá de tu mirada atribulada
al mago soñador y el optimista incansable,
al hombre laborioso y responsable
que sostiene a su familia
con el fuerte ahínco de su pecho.
El indispensable consejero y hábil abogado
que a todos representa ante cualquier dilema.

He caminado con el hombre que a su patria da valía…
A ese guerrero indígena que no se humilla ante el invasor;
al capitán en Altamar que ante el devastador azote de la tormenta
y el inevitable hundimiento de su barco,
elige morir con honor y valentía junto a la tripulación,
antes que abandonarles a su suerte.
He compartido con el amigo de contagioso humor,
el fanático infatigable del boxeo y a ese ávido jugador del dominó,
saboreando una fría cerveza bautizada con cogñac.

He tenido más allá de la dureza de tus palabras
el calor de un abrazo ceñido de ternura y amor.
Encauzaste mi Norte con tesón, compromiso y apoyo.
Implantaste las bases de rectitud, honestidad y carácter
como el mas dedicado padre lo hubiese hecho.
Soy por ti y para mí, la columna vertebral de tu ejemplo.
De todo lo bueno que has hecho en tu pausado recorrido,
de todo lo que has dado en la vida sin mirar a quién,
una satisfacción callada queda como buena cosecha.

Hoy, la senil vejez es una desgracia que te empuja a un rincón.
Parecería que ya no cuentan tus méritos o sacrificios,
que te han arrebatado de la imparcial justicia de tus actos
y de esa proyección ecuánime que te define.
Siendo un rostro labrado por los años
nunca has sido un surco estéril, sino fértil.
Estás encarcelado en el ayer, platicas con las sombras,
dormitas sin dormir, despiertas sin querer despertar.
No sé si te entiendo o si prefieres no ser entendido.

Mi viejo, te comparo con un cuatro bien afinado
que en aquel antaño de serenatas
a tantas doncellas enamoraste…
A la décima campesina orgullosa de su cuna,
al nativo 'tabaco hilao' recién enrollao por dedos curtidos,
lleno del sabor y placer embrujador
que te produce en una apasionada bocanada.
Eres como el café puya recién colao', ¡genuino!
Sin falsas pretensiones pero con ese aroma generoso
que despeja el malhumor musarañero.

Queda tan sólo el rapaz sentimiento
que no cesa de secuestrarte
a ese viaje hacia el mar al borde del risco;
ese delincuente pensamiento que no interrumpe
tu salto al vacío como un guaraguao en picada
ante el hipnótico paradisíaco horizonte.
Sólo el Faro, cual vigilante yace a tus espaldas.
Es un sosegado episodio narrado por el tiempo
que se esconde, se empequeñece, se va marginando,

que vuelve a dejarte solo, olvidado, vacilante…

DOÑA ROSA

Esmeralda de las Antillas, cuan fina y pura…
Azulinegras lumbreras tiene tu mirada,
mieles de dulzura sazonan tu sonrisa.
Dama de aceitosos y ondulados cabellos
cubiertos con redecillas y flores…
me perteneces engalanada de años.

Amiga de la vida y de la gente,
oriunda de la losa y raíces invasoras…
Imponente, erguida como espiga,
eres una mezcla de razas extranjeras
que proclamas, no sin cierta coquetería,
ese andar rebosante de india taína.

Añorar quisieras tus años de moza,
evocar cómo te regodeabas llena de encanto
y sensualidad por las plazas de San Juan.
Recordar todos esos momentos de tiempos idos…
Regalarle nuevamente el alma y la vida
a ese jardinero que supo un día cultivar tu corazón.

Tal vez fue ley de vida, capricho u obsesión…
Esculpido de amor quedó tu vientre, mujer
y por múltiple vez diste vida.
Ciega terquedad y perseverancia la del 'don',
que sólo intentaba –dicen- obtener su primogénito
al verse rodeado de tantas 'chancletas'.

Hembra y señora curtida de sacrificio y tesón…
Madre, abuela henchida de sabias enseñanzas.
Igual que tú… no la hubo, no la hay ni la habrá.
Fuiste el faro que iluminó mi sendero…
Me ceñiste en tu regazo apenas siendo un niño,
aquel bastardo recogido de las manos del destino.

Y te admiro, flor de nácar marina.
Te extraño, leyenda indomable.
Ansiosa necesidad mi sed por ti…
Ya quisiera que por siempre estuvieses
y que nunca te separaras de mi,

a pesar de ese calendario **impasible**.

PRÍNCIPE MUSICAL

Caracol playero…
humilde escultura
que buscas dueño
por la espesa arena.
Soberano especie…
Esculpido un día
para ser eterno.
Llevas dentro
rumor musical de sirenas
que sólo el mar conoce.

Quién te erigió
te dio valioso origen;
el matiz de la disciplina,
la sapiencia del océano.
Te enseñó a solfear
el ritmo melodioso del viento
como bálsamo auditivo.

Más que eso,
príncipe del mar…
Él te obsequió
a la sensible y enamorada
mujer **hispano-americana**.

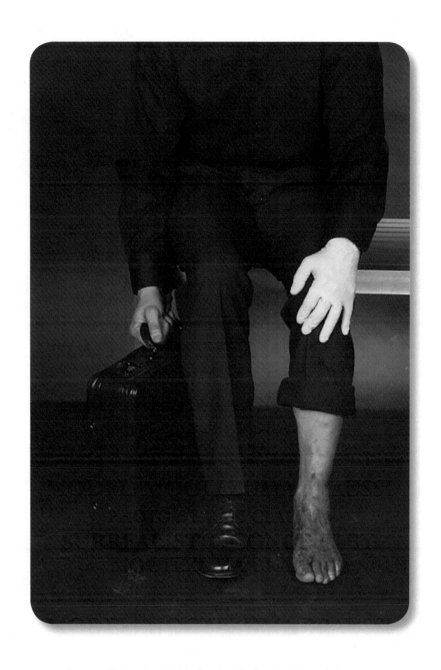

SURREALISTIC CONCEPT BY:
MOCTEZUMA BRAUSSI

MODEL: MOCTEZUMA BRAUSSI
PHOTO BY: RAFI CLAUDIO

'MAHECO'

Llegó un buen día con su jovial semblante
y la pulcra sonrisa de un sincero amigo…
Con el temple, aplomo y seguridad
que nos sugiere un líder de cambio.
Porte apuesto, mirada color de cielo
con su pasaporte
de influencias internacionales
y el aliento astuto de un gran manipulador.
Típico modelo anglosajón…
luciendo de su bolsillo un reloj colgante de diamantes.

Dentro de su valija de pieles, una propuesta de sueños
diseñada para disipar el aburrimiento y la rutina.
Un perfecto esquema motivador
que daría final a la pobreza y tristeza.
Una encumbrada apariencia monetaria
para convertir un guiñapo humano
en un poderoso súper ente,
capaz de proezas y ambiciones antes negadas.
Ideal absoluto que entierra los eventos
poco simpáticos de la realidad.

Pero 'Maheco' resultó ser
únicamente eso… un disfraz.
El atuendo que todos creíamos
confeccionado por la burguesía
como el último grito de la moda;
sin embargo, más bien érase
una indumentaria de segunda,
zurcida por un mediocre sastre.

'Maheco' pretendió ser "alguien"
cuando siempre supo que era un "don nadie".
Invadió y conquistó
la clase de "cuello blanco".
Estableció su adictivo "friquitín"
en la necesitada y olvidada perla
de la sociedad arrabalera.

'Maheco' envenenó, prostituyó y asesinó
las mentes débiles, incautas e incultas…
Adquirió un crucero alucinógeno,
trasladó niños, jóvenes, mujeres y ancianos
al paraíso del 'no regreso';
disolvió el significado de la familia,
cimentó el sindicato del crimen
y vigorizó al dios del robo…

Subsiste como relacionista público
de los grandes intereses.
Desconoce la moral y se burla de la dignidad.
Es un despiadado verdugo a sueldo
saciando su sed de destrucción…
Y si no lo arrestamos, ¡ahora!
Inmolaremos la conciencia

por no obtener justicia.

*** 'Maheco' es inspirado del cuento "Retratos con hedor a mazmorras".
Su seudónimo surge de: **ma**rihuana, **he**roína y **co**caína.

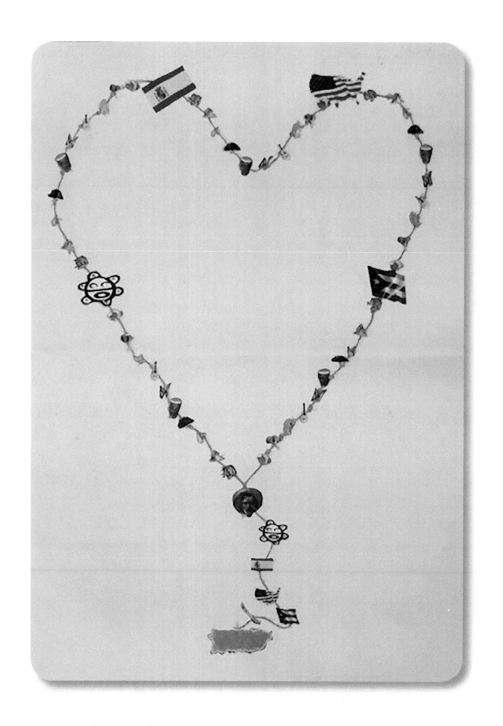

SURREALISTIC CONCEPT BY:
MOCTEZUMA BRAUSSI

PHOTO AND DESIGN BY:
MOCTEZUMA BRAUSSI

PLEGARIA PARA NUESTRA PATRIA

Patria huérfana residente en el Caribe.

Combatida de luchas se forjó tu Norte.

Venga a nosotros tu clamor soberano.

Hágase tu voluntad y no la de los gringos,
aquí en nuestro gallinero como allá en los rascacielos.

El honor y respeto como nación taína **exígelos** hoy
y no olvides enfrentarte contra quienes te pisotean,
como nosotros no olvidamos que fuiste invadida.

No nos dejes caer 'humillaos'

y líbranos de seguir 'añangotaos'.
Así sea.

CONCEPT BY:
MOCTEZUMA BRAUSSI

MODEL: JACQUELINE AVILA

PHOTO BY: RAFI CLAUDIO

TIERRA MÍA

Ufana como el flamboyán,
majestuosa como una Ceiba…
orgullo de razas fecundas,
así tú eres sin fanfarronear.

Te erigiste con nobleza de hidalgo
en medio de falsas promesas.
Tu voz se ha escondido en las montañas
e igual tu ansia de libertad.

Tierra mía, te veo distraída.
Ya tus hijos no danzan al compás de la noche
ni les emociona la riqueza de tu entraña
que respira a independencia.

Tierra mía, me dueles perdida.
Se te olvida que la lucha por tu dignidad
no es vana poesía ni un objetivo
tan difícil de realizar.

Isla mujer, sensible como Alfonsina,
humilde pero elocuente como el prócer Albizu…
bomba y plena mulata con sabor a Loíza,
así tú eres sin aparentar.

Sublime nación que humillada eres.
Te has enfrentado a la burla y la deshonra
de aceptar al invasor como dueño y amante
a cambio de la vida de tus hijos y una ciudadanía.

Tierra mía, cicatriza tu cultura herida.
No permitas que tu orgullo boricua sea pisoteado.
No existe herida que emane tanta sangre
ni conciencia ignorante que les engañe el absurdo.

Tierra mía, aún eres distinguida.
Desparrama al aire el olor a cafetales
y no dejes el amanecer moribundo de coquíes

ni tampoco de tu belleza sensual a rosales.

CLAMOR A UN DESEO

Ser como el viento
que no conoce fronteras,
paladín de su alteza
y errante viajero.

Surco en la tierra
que unas manos cultiven,
concebir ricos frutos
con el rocío mañanero.

Ser el Universo,
enigma inconquistable del hombre.
Tan cerca y tan lejos
cual exorcista fantasía.

Agua de un riachuelo
para calmar tu sed,
y en mi furor fugitivo
entregarte mi sencillez.

Ser una embarcación
en un encendido atardecer
navegando por el mar a solas…
tranquila, entre olas

de crestas blancas.

TU OLOR NO SE PIERDE

CONCEPT BY:
MOCTEZUMA BRAUSSI

MODEL: DENISSE MILIAN
PHOTO BY: RAFI CLAUDIO

¿QUIÉN ERES TÚ…?

Éstas, mis manos, desean saberlo.
Anhelan descubrir, percibir, sentir
lo que en el pensamiento
visualizo a menudo.
¡Es tan viva y suspicaz la imaginación!
Sólo tengo preguntas que me invaden,
sensaciones acumuladas como largos años
en las entrañas de un viejo ausubo.
Testimonio de mis ojos, espejo de mi alma…
¿Quién eres? No puedo precisarte, ¿porqué?

Madrugada, mañana y tarde,
la luz de un día eres;
como un orgasmo sin reposo
precipitado en el deseo,
componiendo el firmamento,
acentuando expansión a aguas y cielos.
Tejiendo catecismo a un libro de estaciones
de un modo impenetrable…
milagrosa magia el éxtasis de la existencia
toda pura, toda perfecta e inmaculada
como fue en el principio el verbo mismo.

Te avecinas como gota de rocío
en la mejilla de una hoja,
en el fértil polen de una flor.
Te desvaneces en la yerba mojada,
dueña de una melodía de brisa y viento,
desmadejada por la lluvia,
anudada en cada amapola
como un secreto de estrellas.

Fotografía inanimada en mis pupilas.
Imagen prohibida, ajena y extraña,
lejos y libre como el iris de la tentación;
pareces un torbellino con alas de pitirre
en vuelo travieso y cauteloso
donde tu nombre canta frente a mi vida.

No te conocía, pero estabas allí…
Entre muchas ninfas hermosas.
Exhibida en un escaparate
como abanico de amatistas francés,
como pañuelo de seda de novia oriental.
¡Única, distinta a todas!
En tu frente ceñías una medusa,
en tu rostro la ingenua coquetería marina.
Tus chispeantes labios
con una sonrisa de 'no me olvides'.

Eres el misterio de una hoguera
de historias crepitantes,
calcinadas cenizas que aún ventean tu alma.
Emociones que deambulan
en los rincones impulsivos del corazón.
No quiero amarte sin ser amado.
No quiero la pasión
que nos estremezca sin el deseo.

Entre tus pechos de cerezas erguidas,
lo vedado de tus piernas…
enmarañado de tus ensortijados cabellos
quisiera estar.
Ya olvidado el pasado,
forjado en el presente hacia el camino infinito,
debo y puedo estar, amor…
de un sí inquebrantable de tu boca,
con un pacto inviolable de tus ojos.

Estás, entre mis manos…
Este hombre que te ha encontrado,
precisa conocer toda esa intriga
que te rodea como fábula renacentista.

Acércate, recógeme con tu equipaje de esperanzas.
Ven con el crepúsculo de ilusiones
desbordado en dimensiones de sueño,
hasta que la Ceiba sea derrotada por el tiempo…
hasta que la última huella de nuestra piel

se desintegre en la arena.

CONCEPT BY:
MOCTEZUMA BRAUSSI

MODEL: LEYLA ZAHAR

PHOTO BY: RAFI CLAUDIO

DE UNA ESPECIE POCO COMÚN

Tu Norte es ternura, coraje y coquetería.
Al Sur de tu escultura te adivino ardiente, espontánea y libre.
Ostenta gracia y sensualidad tu fisonomía,
fortuita seducción que urde mi cuerpo vibre.

Ninfa… perfumas belleza, sentimiento e igualdad.
Hay quien dice que de la costilla de Adán te formaste
para ser amada y odiada con la misma intensidad.
¡Extraño designio heredaste de la vida!

Tu gemido es como un poema de Julia de Burgos,
rebelde, lleno de pasión y determinismo…
De Alfonsina Stormi, misterio e intriga como encargos,
y de la Madre Teresa de Calcuta su espíritu y optimismo.

Doncella… deja que te acaricie la brisa
y te bese la luz del sol cada mañana.
Permite también deleitarme de ti sin prisa.
Quiero imaginarme el pecado que de tu tibia gruta mana.

Hembra… pídeme ser tuyo como tuyo
es el milagro de engendrar un hijo.
Hazme esclavo y prisionero de tu arrullo.
Sólo quiero estar junto a ti con la libertad de existir.

Mujer de especie poco común.
Eres única, misteriosa e irresistible…
Gitana, bruja… ¡diosa y mucho más!
¡Por eso te amo, por eso… mía te quiero,

mujer indescifrable!

CONCEPT BY:
MOCTEZUMA BRAUSSI

PHOTO DRAWING BY: STEPHANO

SOL'ANGE

(Una mujer hecha metáfora)

Tu olor no se pierde.
Tiene aroma de vino tinto añejado.
Es un susurro del viento entre las hojas,
fuego y deseo impregnado en mi cuerpo.

Tu olor es un quehacer diario
rociado de sudor campesino.
Tu olor no es de castas.
Es un conquistador
de exótica cepa y mixta cultura
que destila historia y nobleza.

.

Tu olor es un grito rebelde.
¡Es sangre, aire, vida!
Tu olor brota del alma.
Yo lo distingo, lo conservo
como mi más fiel amante.
Es el único erótico pecado que poseo
del que vivo enamorado.

Tu olor es tacto.
Palpita en su entrega como un orgasmo.
Tu olor es una metáfora toda sublime.
Torbellino que ama y gime pasión en mi lecho.

Tu olor resulta cultura.
Guarda hambre, fértil entraña.

CONCEPT BY:
MOCTEZUMA BRAUSSI

MODELS:
JORCELIE AGOSTO, WILBERT VALDIVIESO

PHOTO BY: RAFI CLAUDIO

EN TUS ORILLAS

Mujer… quiero imaginarme como eres.
Conocer la bodega misteriosa de tu silencio,
el desbordado cauce de tus afectos cenicientos.
Discurrir en el cansancio abrumador
de tus pasiones cuando gimes en el cálido nido.

Sólo te percibo, te adivino
en el oculto laberinto de mi ser,
en esa llanura austral
que merodean las meditaciones.
Me pierdo en el dibujo
formidable de tu garbo,
la línea trazada con maestría,
el color perfectamente pincelado
a tu piel taína.

Ahí quedan mis huellas desparramadas
ante cada mirada que te arrebata furtivamente.
Ahí danzan admirados
mis sueños en tus orillas.

En lo profundo de tu rostro crepitante de luz
existe un verano agreste
escondido en el rocío de una hoja,
preservado como un cristal depurado
que en la catedral de tu alma
trastorna el espejismo de un arco iris
mientras canta un coquí en la intemperie.

Hay tal desnudez,
tanta soledad en tus ojos traviesos
que cabe preguntarse si ellos
son dueños del fuego que se consume
entre la neblina viuda y la aurora madrugadora
o si sólo son jinetes de galopantes ilusiones
convocándome en sollozos.

Sólo sonríes y es incontenible la caricia
que regalan tus labios de encendida amapola.
Inconfundible, la hermosa imagen
de tus pómulos de amazona.
Podrías ser la copa de vino más embriagante,
gotas de rocío de una rosa salvaje
o la leyenda de un romance imposible
que en noches de luna embrujante
entonan los trovadores.

Mujer… quiero imaginarme
el tacto de tu aliento o el calor de tu cuerpo
ondeando por el viento.
No soy la almohada donde descansan tus secretos,
ni tampoco el espejo que descubre
tu juventud languideciéndose con el tiempo.

No puedo, aunque quisiera
capturarte en la fantasía de tus esperanzas
que añoran de verdad
la dicha de un amor eterno.
Sólo sé que te percibo, te adivino combatida.
Allí, donde el eco capturó el rumor de voces,
donde los luceros coquetean con las estrellas;
el lugar en que tu olor conquistó mis emociones,

y extasiado me dejó en tus orillas.

PHOTO AND VISUAL CONCEPT BY:

MOCTEZUMA BRAUSSI

MODEL: JULIA ELIZABETH

MIENTRAS DURE LA VIDA

No conozco el variopinto néctar de tu boca
ni los escenarios de llanto o alegría
que por tus sueños han deambulado.
Tampoco sé cuál es la leyenda indomable
que en tu cuerpo de doncella
retoza con coquetería.
Más yo quisiera sentirte
como el capullo de una rosa,
cuando abre sus pétalos tímidamente
ante el rocío de la madrugada
y ser esa brisa tropical
que se mezcle con tu perfume.

Cuando noto tus deslumbrantes ojos
y descubro la delicia de tu piel,
mi imaginación peca voluminosa;
eres entonces… una hermosa isla
jamás conquistada,
una virgen acariciada en sus orillas
por lunas, soles y mares tempestuosos
de plata resplandeciente.
Eres terruño fecundo de cafetales
y cañaverales que seducen
o hipnotizan las onduladas praderas.

Tus pechos desnudos
con fragancia de amapola y jazmín
emulan montañas que besan el cielo,
cimas erguidas
radiantes de aurora mañanera.

Cuando recorro la espesura de tu cuerpo,
tu cintura de ninfa me espera…
tu ombligo, como si estuviese
escondido en una oscura noche,
parece ser un lucero enamorado
que me llama, me hechiza, me abraza
en la playa cálida de tu vientre.

En ese momento, ¡oh, paraíso mío!,
desfila la luz de un cometa luminoso
y mis deseos se desvisten unos con otros;
allí, adivino de tu abismo
un musgo resbaloso que oculta humedecido
el olor de algas, de agua marina,
el secreto de tu arrecife de corales
donde la pasión y el amor me acechan.

Es en ese eterno momento
que quisiera ser tu dueño
y sumergirme en tus profundidades;
mi imaginación salvaje
cesa de pecar;
entonces… mis pensamientos
se desmoronan entre sí.
Tus ojos de oasis, y tu boca de ternura
me hacen recordar que aún no conozco
el sabor de tus labios
ni las experiencias de tu simple infancia.

Tampoco sé si tus pies viajeros, andando,
trataron de alcanzar mi sombra;
si llegaste para anclarte en mi puerto… o para marcharte.
Isla mía, nos hemos encontrado
y sé que eres el espejo de mi alma,
la idiosincrasia de una patria que no se olvida;
tienes mujer aroma, donaire,
sentimientos, dulces germinaciones y pureza.

Eres mujer, fruta desconocida
con la mayor belleza,
la huella que nunca desaparece en la tierra,
el agua que sacia mi sed de caminante.
Cuando te veo, mis sentidos se deshacen,
se hierve mi sangre;
y solo quisiera tus labios en mis labios,
mi aliento con tu aliento, piel a piel quemándonos
mientras dure la vida…
y todo el amor de tu amor destinado a mí

en éxtasis, abrazados.

.

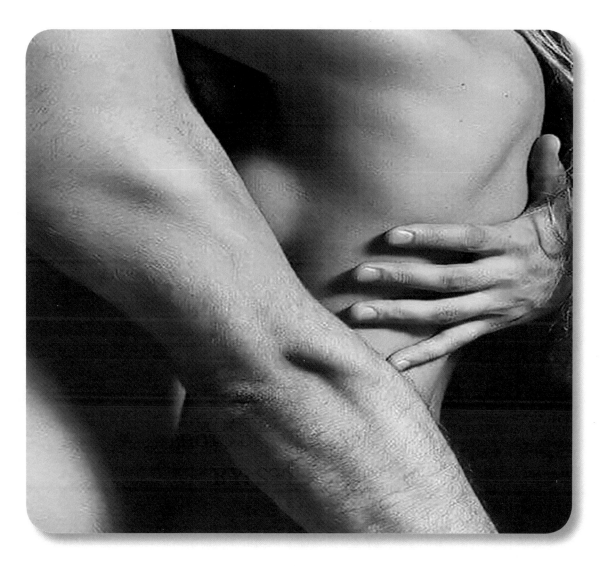

PHOTO DRAWING OF COUPLE

BY: STEPHANO

CONCEPT BY:
MOCTEZUMA BRAUSSI

CONCUBINATO BAJO LOS UMBROSOS PINOS

¿Cómo explicarlo…?
No fueron medusas acaballadas
en el erótico arco iris que desnudaron
un aroma alborotado.
Es una sensación que confino entre mis dedos,
húmeda en desamparadas pasiones
y dilapidadas costumbres.
Es como un trueno embravecido,
un cisne de piel metálico
que me derrite en ardientes hogueras.
Es algo con sabor y deseo,
poción de flujo ebrio
que tu pudenda fruta
acrecienta en mi exigente paladar.

Entre la ansiedad y el anhelo
anduvo mi alma bulliciosa,
entre sombra y espacio
quedaron mis sentidos indomables
en sumisa ausencia…
Percibiendo, disfrutando;
escribiendo tu nombre de mujer
en el cinema de mis párpados
bajo los umbrosos pinos.

Y tú… tú también allá lejos,
hada de caricias oceánicas.
Tú también pensando, recordando…
Con tu humedad acumulada precipitándose
en un variopinto coctel espumoso;
azotada como un golpe de agua,
salpicada en tu vidriosa vasija.

Sagitariana del amor…
Leyendas no habré de contarte
acerca de los crepúsculos pecadores
en tiempos de cosecha,
ni de arrebatados amantes con desmedidas noches,
ni de la contextura de éxtasis bautismales
cuyos espasmos sordos me quebrantan;
ni de los lobos que aúllan en celo
bajo el maleficio de la luna,
ni de la verdad que la lágrima
encierra en la ternura desestimada.

No, ni tampoco son historias
de un corazón poeta
narró en el sortilegio de la imaginación
con su espíritu en levitación delirante.
Te hablaré de cómo mi brioso potro
galopó seducido por la espesura
en obstinado salvajismo…
De las horas en que estuve navegando
en el lago cristalino de tu piel paradisíaca;
de los minutos aventureros
donde un concubinato de suspiros
desvistieron tu rostro cuando mis dedos cazadores
atraparon tus pezones de naturaleza coralina.

¡Sí…! Y cómo transcurrimos en un popurrí
de intermitentes caricias apretadas, descabelladas…
Enervándonos en un bolero
de lujuria y gemidos que ni el tiempo
o el silencio han conquistado.

¿Cuánta pasión de la que hay
en la fisonomía de tu musgo femenino
dejaste quemándose impregnada de aroma marino?
¿Cómo poder explicarlo…?

No, no existen las palabras, sólo lo sentimos…

Dibujaría este instante… libre
y sin fronteras que limiten nuestro nido,
por embriagarme con la miel
de tus colinas genitales,
imaginarte orinar
en las noches frías y lluviosas,
y ahogar tus alucinadas encías
con mi cremoso ron;
porque nos devoremos uno dentro del otro,
náufragos en la isla de nuestra piel.
¡Cuántas veces robaría ese instante
con tus besos turbados, acostado
en la playa pálida de tus muslos,
mordiendo tu travieso ombligo…!
Y mi lengua deslizándose
hasta el final de tu espalda.

Tú pedirás más… mucho más.
Yo jamás te lo negaría.

Te vi, o quizás lo soñé…
A un paso del fulgente mar
en un mélange de colores increíbles,
tu cuerpo desnudo ante el rubio rey.
Y yo, a lo lejos,
erguida mi virilidad
como espiga del campo
contra arena y viento,
alucinado…
Necesitándote.

Doncella costeña de atardecer mirada,
entre tu aliento y el suspiro
perduran mis besos en tus labios.
Desde la despedida al adiós
hay una prosa coital abrazándose…
llamándonos.
Yo emerjo recordando, pensando
Percibiéndote.

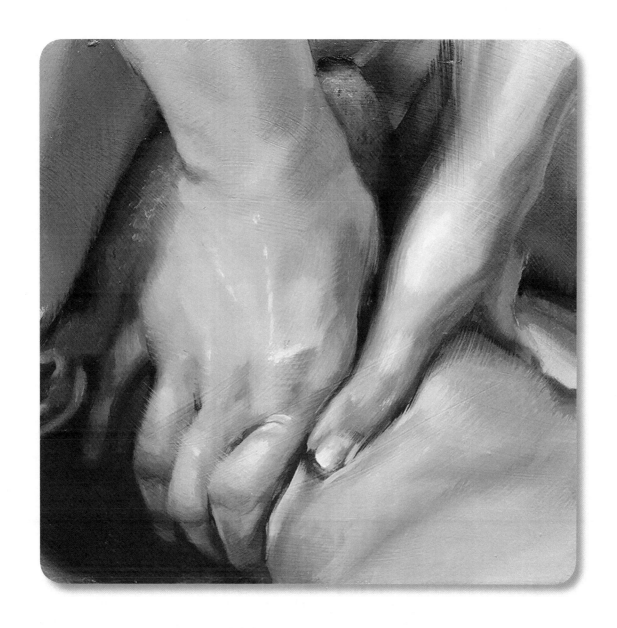

PHOTO DRAWING BY:
STEPHANO

CONCEPT BY:
MOCTEZUMA BRAUSSI

ERÓTICO... POSESIVO AMOR

Pasajera de mi alma
que transitas sentimientos,
misteriosa transeúnte
que estremece mi corazón,
fémina que lluviosa caes
sobre mi cuerpo humedeciéndome
con tu cremoso y salado flujo...
arrasando mi proa de babor a estribor
como salvaje tempestad
que desafía cualquier designio.

Cuántas veces he escalado
tus laderas como audaz alpinista,
poblando los límites de esos picos erguidos,
conquistando el peligro
de tu empinada grieta rodeada de musgo.
¡Cuán envidiada eres
por la luna plateada de mis noches...!
¡cuán celosos los errantes luceros
de tu perfume marino, hermosa mía!

¡Seductoramente, mía...!
Sí, más allá del significado desconocido
y de la eternidad imaginada.
Más allá del capricho de la furia
y el movimiento de la pasión;
como la sed de un caminante
ante el espejismo de un oásis
y como la muerte lo es de la vida.

Ámame en la morada desmedida
de tu amor infinito
con magnitud de océano,
ámame golpeada de arrecifes
y ahogada en quebrantos…
que tu sueño devore mis locas angustias
y me derrita de alegrías inauditas.

Quiero crecer en tu orilla,
caminar por tus calles de piel
y respirar la fragancia de tu extensa viña;
porque deseo la electricidad de tus ojos
calcinándome despacio,
la multitud de tus besos
sin tregua ni piedad ni distancia,
acosándome libremente más allá
de los secretos preparados y codiciosos.

Ámame como tú quieras y así lo desees,
exprimida de olor, hinchada de gozo,
ante los silencios eróticos
que se masturban entre sí;
ámame despacio…
ya desparramada tu desnudez
sobre mi cuerpo.

AMOR…
DEFINIRTE ME COLOCA
EN PAUSA

PHOTOGRAPH AND VISUAL CONCEPT BY:

MOCTEZUMA BRAUSSI

ESO QUIERO DE TI

Y luego de ese primer beso
hurtado de tus labios
en aquella premeditada cita,
sin pretensiones o apariencias
todos nuestros secretos quedaron al desnudo.
Desde ese momento en adelante
te conocí, me conociste y entendimos
que yo era parte de tu vida
como tú lo eras de la mía.
El amor nos había embrujado.

No sabes cuanta dicha causas en mí
cada vez que compartimos juntos.
Sentir tus ojos y sus miradas.
Tus labios y sus besos.
Tus dedos y sus caricias.
Tu piel y su sensual roce.

Necesito besar tu desnudez
y degustarte como el mejor y exquisito vino.
Recorrerte, incitarte, excitarte,
enardeciendo tus antojos hasta el delirio.
Eso quiero… reina mía.

Quiero tu rostro, tu silueta, tu fino cabello,
tu placentero olor, tu sabor a corales y arrecifes,
y hurgar el musgo salino
de tu intimidad con mi hombría desquiciada
de tanto desearte.
Sentir la magia de tu cuerpo en mi cuerpo
desbordados en amor y sexo.
Mi amada… eso quiero de ti, de mí,

Desesperadamente.

VISUAL CONCEPT BY: MOCTEZUMA BRAUSSI

PHOTO BY: RAFI CLAUDIO

ANTE LOS OJOS Y LA MIRADA, UNA PREGUNTA ACARICIADA POR HÚMEDOS TRÉBOLES

¿Sabe alguien qué es el amor…?
¿Qué se siente…?
Cuando de pronto un día…
En el sobresalto de las horas
y el temblor frenético de las rodillas,
tal vez en un quedo instante
nace en nuestro interior…
¿Lo sabes tú?

Preguntémosle a todo lo que resurge,
vibra, huele, respira;
indaguemos con la lágrima,
la sonrisa, la piel, el sudor,
hablemos con el sol y la luna,
los bosques, el desierto,
los acróbatas y payasos del circo.
Si posible con los reptiles, las mil variedades
de aves, todos los mamíferos…
Con la soledad o la compañía,
con la tortura de lo desconocido;
dejemos que nos lo explique la guerra y la paz,
la sombra, la silueta,
o quizás lo sepa la gloria divina,
la fértil tierra o el abismo del infierno.
Con los sueños y sus pesadillas,
la realidad que se confunde con la fantasía;
sí, ¿porqué no…?,
el mar y cada partícula de salitre, cada átomo,
hasta la misma química y la cruz del azar.

La verdad y la mentira pues han sido amigos.
El tiempo y la distancia, inseparables hermanos,
mucho más la religión y sus divisiones.
Pero quién como la muerte, su peor enemigo.
¿Y el corazón…? ¿el alma…?
Pero no ignoremos la vida.

¿Quién mejor que la vida puede definir,
sentir, y conocer el amor?
¿Quién, sino ella con su sabiduría y sentimiento…?
Su maternal intuición lo palpa
desde el más escondido pensamiento.

Afrodita mía, sierva enigmática…
Yo tampoco sé lo que es el amor
para expresártelo en palabras.
Lo percibo, lo siento, lo adivino;
me quema y empapa por dentro,
me perfuma el olfato, se adhiere a mis párpados
y se ofrece a mi paladar como pecadora manzana.
A ti, que eres mi razón, lo curioso del yo,
esa guitarra vibrante de mis sentidos,
jamás me despido de tus excesos femeninos,
jamás de tu brumosa tez.

Soy el hombre que acompaña tu destino,
quien te ama con celos y obsesión
y te saborea jugosa fruta
en copa de vino.
Soy el dueño de tu retrato que pinto
en las paredes verdosas de mi cerebro.
En ti, la fortaleza del Cosmos delira de esperanza
y eres tú, crepúsculo danzarín
con niebla transparente
donde mi ansia ilimitada reposa.

Tú arrebatas la sonata del tragaluz,
sacudida con sigilo ante el inmenso chispear
de las estrellas desparramadas al vacío,
en ese ancho cielo.
En tus mejillas se asoma el rubor de las orquídeas,
sobreviven aún las huellas
de mis besos sembrados en tu carne,
en los ebrios pezones de tus pechos.

Sólo sé amarte con júbilo furioso
de guerrero en batalla,
entre desahumerios de albahaca y naranja
al compás del piano y el violín;
despedidas malditas y distancias
disfrazadas de ausencias.
Ritual alegórico con movimientos sostenidos
por el hedor erótico que en hipnótica ceremonia
respiras de mi fogoso cuerpo.

Hay mucha sed de ti en mi látigo centelleante
que escupe vida y placer.
Hay mucha sed de mí en tus nalgas de algodón
que entre su follaje,
ocultan discretamente la colina
hacia el pozo de la dicha.
Mis huesos de hombre tenaz quisieran ceñirse
a tu desamparada orilla, a tu respiración violenta,
a esa substancia que salpica tu sombra.
Tú estás de pie vestida de jazmines y algas marinas,
tu piel de sirena llamándome,
tus ojos de fiera poseída esperándome.
¡Sáciate de mi pulposa locura!
¡Hazte remolino y húndeme en tu olor de guayaba madura!

¡Oh, cántaro de cristal, samaritana de mi lecho…!
Muerde mi corazón y deja que su sangre purpúrea
te inunde como una ciénaga traicionera ahogando el final.
Entre tus piernas y los muslos, hay un aire desnudo,
denso, delicado, extraído del trono de la existencia
para incautar el gemido de sílabas
enclaustradas en mi garganta.

Es como observar la luna
descendiendo al océano para bañarse en secreto,
mientras que relámpagos multicolores
iluminan una seductora sinfonía.
Ante los ojos y la mirada, hay un lienzo del atardecer,
una lluvia de diosa, algo que nace y se vuelve fugaz,
un segundo victorioso,
una calma devoradora de sortilegios
acariciada por húmedos tréboles.

Tú y yo, allí, interminablemente reunidos,
nuestra imagen reflejada en el espejo del lago,
indescriptiblemente juntos,
envueltos en un vendaval llameante de amor;
unidos así, atados con el viento,
ese pirata invisible que no podemos detener
pero sabe como tocarnos.
Sencillamente solos, infinitamente soñando…

Y ahora, yo me pregunto…
¿Alguien conoce el amor?

ECOS DE UN AMOR IMPOSIBLE

Evoco instantes que creía emigrados
del baúl de mis pensamientos.
Tropiezo sin querer evitarlo
de aquella vez que nos conocimos…
Cuando tu mirada y la mía se besaron
en aquella aula universitaria.
Asomó intempestivamente
la novela de un profesor y su estudiante
alborotando el cosmos.

Un cosquilleo nervioso
circuló dermis y conciencia
al percibirnos descubiertos.
La ventura se encargó de ocasionar
el súbito pretexto a un coloquio
de ansiedades y sorpresas
que fueron avivándose
bajo la sombra de árboles
y el murmullo de pájaros.

Malabares de picardía y rubor
se hicieron presentes
en las huidas furtivas al bosque,
igual los secretos almibarados
de Kahlúa con leche y Tequila Sunrise
de un "púb" favorito.
Anhelando no adivinar lo inevitable,
lo que un horóscopo reprimiese aplazar.

Entre el columpio de la sensualidad
y el deslizamiento de los sentimientos,
Cupido nos acercó idílicamente
a la comunión paranoica de la piel.
¡Tantos instantes embrujados
en un jolgorio de emociones!

Fuimos dos seres, almas, ímpetus...
Amantes que aprendieron
a seducirse desde el momento
que la encendida curiosidad del deseo
arrebató sus corazones.
Aquel motel de bambúes
fue un nido, guarida perpetua
"a los sin límites excesos" de la intimidad.

Dispuestos a todo remamos
en un mar agitado, inseguro.
Asidas las manos pero con la certeza
de una felicidad conquistada.
Llegó tu graduación, el "class night" anticipado,
el deceso de tu padre.
Una "montaña rusa" latente de emociones.
Búsqueda de trabajo, responsabilidades…
Urgencia de unirnos y conseguir cobijo,
y "unos no sé que más" pugilatos.

Luego... un poco más luego
'te impulsaron' a cruzar el inmenso charco
buscando fortuna en otro destino
que temporeramente nos separaba.
Y yo, no pudiendo estar lejos de ti sin ti,
deserté todo y nadé hasta tu orilla
como mi único salvavidas.

Nuestra novela se abarrotó de capítulos,
escenas de celos, intrigas,
villanos con sus propios egoísmos.
Tu embarazo apresuró las nupcias,
maduramos sin tiempo,
sin conocernos lo suficiente.
Enamorados del amor
retando una esperanza desesperanzada.

Anulo preguntarte, si como a mí
te secuestran las vivencias desechadas...
La cotidianidad de nuestro aposento,
ir de compras al mercado
o pasear sin rumbo caprichosamente.
Escucharte cantar y bailar
tonadillas de moda,
ignorar tus perezas, enojos
y derrotas en los juegos de mesa.
Noches que sentados en el sofá
escogíamos nombres para el venidero crío
y soñábamos con palacios futuros.

Todavía puedo decir que siento
la luz hipnotizadora de tu mirada,
el suave aliento de tu respirar.
Manías y picardías de niña coqueta,
esos ronquidos de oso invernando
y los ' poco aromáticos' ruidos.
Tus manos cuando tocan mi espalda,
tus pies de ninfa cuando juegan con los míos.
La emotividad de tus labios
al susurrarme un 'te amo'.

Revivo y percibo
la inigualable pasión
de tus caricias orales,
el preciso momento
que me elevabas hasta la cumbre;
donde deshacías y edificabas mis sentidos…
Cuando me liberabas como niño
y me capturabas como hombre.
Y luego, luego… mucho más luego
de ese maratón lujurioso,
poderte observar dormida.

Extraño todo aquello…
Irremediablemente perdido.
Quimeras, nostalgias y pertenencias.
Unas vidas lanzadas al abismo del olvido.
Todo eso extraño… todo aquello que sentimos.
Tal vez porque el amor es indescifrable,
tontamente profundo,
o porque resulta tan interminable

como la misma **eternidad**.

SOY TODAS ESAS COSAS

Soy...
Un aguerrido quedo
que surca el Universo
disfrazado de lucero.
Un erótico poema
que tus labios musitan…
Un seductor pensamiento
que tu mente invita.

Soy...
Un posesivo suspiro
que viaja en la brisa
cada atardecer.
Un profundo lamento
que descubres en tu ser,
o la irreparable ausencia
de mis rasgos
que tus senos acariciaron.

Contigo soy…
Una hoja, una flor,
el comienzo de cada primavera
con verdes y rojos florecidos
asomándose a tu ventana.
La armonía entre lo salvaje
y dócil de nuestros montes,
o la inocencia de un niño
que vive sin ambages.

Soy todas esas cosas…
Esa semilla que acaricia el viento
tierra adentro pero con garbo.
La seguridad de quererte… tenerte;
aún después de la muerte.
Sólo esperando de ti
el desliz de una mirada

para **robarte**.

ESTACIONES

Somos…
fibra viva de un verso,
temporada llena de ilusiones.
Madurez que nos delata
en la galería de la vida.

Somos…
cual ventorrillo lleno de sorpresas,
almacén de albores y diversiones.
Verde hierba de la cima
arropando esta fértil tierra.

Somos…
verdad latente que borra la ausencia,
secuencia de fulgor en el aire.
Sol y luna descalzos en la arena,
salitre cuajado en algas en un coito espumoso.

Somos…
desnudez no marchita,
candileja encendida,
desparramados en el viento

cual hojas sin rumbo.

VISUAL CONCEPT BY:
MOCTEZUMA BRAUSSI

MODELS:
DENISSE MILIAN

PHOTO BY: RAFI CLAUDIO

VERTE Y OBSERVARTE

Olerte y desearte
intuye ser un rítmico acertijo.
Ese calculado juego de ajedrez
con la estrategia de un sorpresivo "jaque-mate".
¿Cómo describirte si sumas ser un enigma?
Un profundo e intenso libro
que fascinas hasta su último verbo.

Definirte me coloca en pausa,
me detiene el mosquitero protector
que cuelga en el lecho de tu mente.
Me apresan las secretas obsesiones
que dormitan en las sábanas de tu alma.
¡Que no peque yo de idealista
ni mucho menos en un nicho encumbrarte!
Pues, un lienzo de tu físico desnudo
jamás plagiaría el rubor rumoroso
de tus mejillas
o la sensual acuarela de tu mirada.

¡Cuánto me apeteces de sólo pensarte!
Desde que te conozco,
no dejas de sorprenderme...
Sabes inquietarme con tu cercanía,
despertarme con el roce tibio de tu aliento.
¡Cuánto me incitas al imaginarte!

De tu faz de cenicienta se arrojan hebras de sol
cuál cascadas de seda
que acarician mi rostro.
Por tu suave y tersa frente
me deslizo a tus ojos.
Esos, brujos hechiceros que tienen el poder
de excitarme y desnudarme.
Esos, audaces y detectivescos que saben
cómo adivinarme sin interrogarme.

Me allego a tu nariz, catadora de mil esencias...
Ella, experimentada, cautiva y enamorada descubriendo
eróticos y seductores aromas, mientras recorre mi piel.
Y en tu boca, húmedos y semi abiertos tus labios,
me recibe tu lengua, tentadora y provocativa.
Regalándome entre besos furtivos
esa magia musical de un "te deseo"...

Verte y observarte
concluye ser un acólito ritual,
curiosa costumbre constante,
que no cesa en definirte.
Un rosario de sucesos eróticos,
que día a día me inspiran

a amarte hasta saciarme.

ANTE TU BOCA Y LOS LABIOS

Ojos atardeciéndose
a mitad de un hasta pronto.
Frente a frente con el silencio desnudo
tejiendo pensamientos uno del otro.
Sudor asustado flotando
al borde de tu sombra sin fronteras;
manos vacilantes sin saber qué hacer,
deseo con pujos de parto
recostado en la ventana de los rostros.

Ese tímido deseo pero a la vez decidido
ante el celaje del impulso,
entre segundos espesos de siglos.
Esa curiosidad apasionada
que como una pregunta inquieta
deslizabas en el columpio de mis sueños.
Nació lo que no debe preguntarse ante lo obvio,
lo que en los anhelantes y más turbados labios se roba:
un beso… tuyo, mío, de ambos,
como lo es el susurro del viento.

Sólo me sentí ser un invisible suspiro
en el paraje de tu regazo,
incrédulo fantasma retozando
emociones sutiles en el alma;
ansias con alas acariciando sueños
que sueñan caricias.
¡Sentirme ser…!
Labios, dientes, lengua, garganta…
Sonido húmedo ahogado en tu pudenda boca,
detenido en la atmósfera de tu aliento
como substancia obstinada de tus encías.

Sentirme convertido en crepúsculo ebrio
de licor prostático que se vierte
en la copa profunda de tu cereza;
melódica balada contorneándose suavemente
en tu arpa de ángel
como eco de un clamor de mocedades
rumbo al infinito firmamento,
extendido en un túnel
que con flujo de luz no se detiene.
Así, estremecida cual temporal embravecido
sin fin ni principio arrebatándote,
mordiendo con dulzura
la miel rosada de tu colmena.

Sentirte como cisne hipnotizado
en un lago fosforescente,
cual góndola zarandeada
en las taciturnas aguas del romanticismo;
un puerto rico lleno de misterioso encanto…
como un ballet de pétalos en la lluvia,
como una musa virgen adherida a mi cuerpo.
Sólo sentirnos ser…
tu boca calcinando mis labios
al final de un hasta pronto
y tus manos
apretadas a las mías.

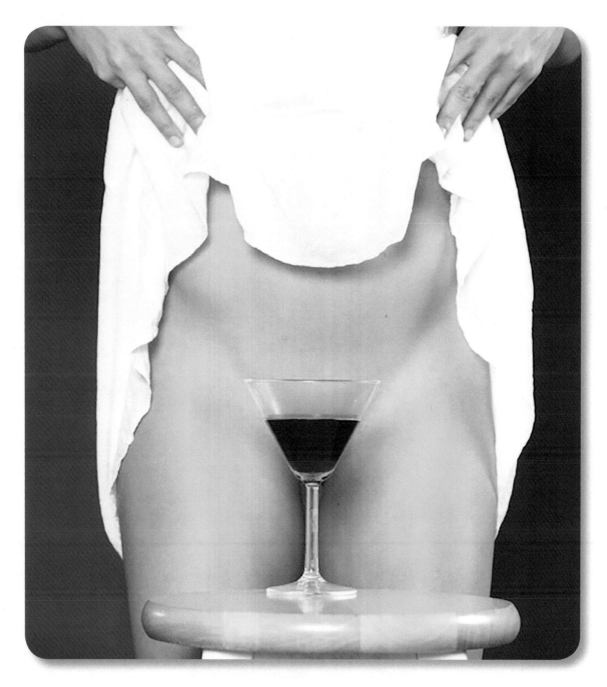

**VISUAL CONCEPT BY
MOCTEZUMA BRAUSSI**

MODEL: DENISSE MILIAN

PHOTO BY: RAFI CLAUDIO

MOMENTUM

Este único segundo…
Cuando tu mirada traviesa
se pierde con la mía,
y tu sonrisa pecadora
me contagia de sensualidad.
Todo parece detenerse un instante.

Surge esa obsesiva invasión…
tus manos se pasean
por todo mi cuerpo,
y tu respiración entrecortada
se apodera de mi boca.
Entonces el verbo se inquieta.

Es en esa inesperada pausa…
Que perdemos la noción
del tiempo y la conciencia.
Triunfa el liberalismo,
el infatigable deseo y el atrevimiento.
Ya la lujuria se acepta.

¿Y sabes algo?
En ese vestíbulo de magia, espiritismo,
santería y religión coital,
la hoguera calcinante de la piel
se enciende voluminosa.
El pecado se emancipa.

Todo se transforma
en un lienzo matizado de colores,
sabores, olores y desnudez…
Un espacio silvestre de flora y fauna salvaje,
una escenografía de mares, estrellas y corales.

Todo se trastorna
ante un frenesí esquizofrénico,
en un azotador viento
mezclado de lluvias intensas.
Una alegoría de temblores de tierra,
volcanes en erupción…
Y ansias de sensaciones provocadas.

Es en ese preciso
orgásmico gemido…
cuando el pensamiento
se entreteje con el sentimiento,
donde la fábula coquetea con el cuento
y el verso copula con la balada.

Es sólo este singular momento…
de tantos otros momentos
donde todo trasciende,
todo evoluciona y traspasa
los límites del límite;
donde la inmensidad
del inmenso universo
gira extasiado
en el eje erótico y enamorado
de nuestro aposento.

MOON PHOTOGRAPHY COURTESY BY:
ANDREW McCARTHY

ASTRO PHOTOGRAPHER

LUNA SOBERANA

Bruja luna llena…
Cuán adictivo y excitante
observar tu plateada desnudez
descender sobre las aguas cristalinas del mar.
Es imaginarte estremeciendo su superficie
mientras millones de luciérnagas
fosforecen un inesperado
y seductor orgasmo.

Luna, gitana luna…
Es como un elixir estimulante
percibir el reflejo de tu luz
en las mareas costeras
danzando un vals sinfónico.
Unidos infinitamente,
fusionados inefablemente,
eróticamente perfumados por la brisa de la noche.

Luna, fugaz concubina del Sol…
Permíteme ser yo, tu esclavo amante.
Tortúrame con tu belleza galáctica,
secuéstrame en tus exóticas profundidades,
haz de mí lo que desees
pero nunca aceptes ninguna recompensa.
Toda esa quimera de ti, quiero…

Mi luna soberana.

DESNUDECES

Inclinado en la quebrada
de mi imaginación,
un concurso de imágenes
se hizo presente en el reflejo
de un prisma pentagonal…
¿Fue acaso su hechura
la poción embrujadora
que emborrachó mi lucidez?

La noche con su túnica de estrellas
y multitud de duendes luceros
sintiese poseída
de una oscuridad enigmática
engurruñada de susurros invisibles.
Una melodía enamorada navegaba
en el pentagrama de mi mente
y un retrato de su legendario rostro
se imprimía en mi alma.

Sólo el inextinguible silencio
habíase escondido en la brisa
entre el cohibido rumor
de hojas secas, los grillos y los coquíes.
El funesto tictactear del reloj
no cesaba su constante ataque
contra el fugitivo tiempo
casi despedazado.

Se llenó mi ser de nostalgias
sin una réplica de ocasión,
sin la oportunidad de excusas
al paso de un álbum
de escenas inolvidables
bajo el tibio lecho.

Imperecedero desciendo
al fragor explosivo
de una luminiscencia
que emerge ante mis ojos
ahuyentando la verídica ausencia;
formándose de sombras secretistas,
adquiriendo un oasis de esperanzas
de fresca fragancia.

-Adivino la fantasía de tus sueños,
la sonata de tus ojos aventureros,
tus ávidos besos almibarados,
el avispado y fugaz aliento.
Adivino tu apetecible tacto
y tu pícaro coqueteo,
esa acerola silvestre mojada
por el rocío seminal.
¡Adivino tu cuerpo en el urdimbre
ardiente de mi epidermis!-

La concibo
como un atardecer exuberante…
derramada en el espacio de belleza salvajina,
suculenta, y con una extensión
de sentimientos eyaculados
al impertérrito viento;
flotando grácilmente
picaflor seductor,
y hechizante como una ladronzuela
de mi destino.

**-Inevitablemente vino
la sensualidad de tu piel a mi piel;
llegó de pronto y se dejó caer
como un recuerdo cristalizado.-**

Ella volvió, como tantas veces,
a bañarse en el cálido arroyo
de mis caricias,
a comprometerse con el abrazo
ineludible de mi pecho,
a enervarme
de esa sensación amordazada
pariendo fuego, gimiendo fiebre.

En ficticio secreto mi paladar saboreó
el jugo de su néctar femenino;
ella se dejó llevar
a mi desquiciado nido
encendiendo volcanes calcinantes
y se abrasó conmigo.
No hubo timidez entre nosotros.
Quiso pasión y me devoró todo.

Fui secuestrado a la madriguera
de la concupiscencia erotomaníaca,
al paroxismo ciclónico de lo vertiginoso.
Unió cada fragmento de deseo con furia,
desenredó estremecida
cada pensamiento vulnerable
vagando en los túneles del anhelo.

**-Y jugué conmigo
como cuando jugábamos juntos:
sin prisas, sin planes triviales.-**

Una fiesta de dichas desbordadas
sucumbieron en la gimnasia del sobresalto,
un minuto y otro minuto
desataron un estallido espasmódico, viril;
ultrajó mis sentidos y me perdí
en el escalofrío violento
de las vertientes adheridas a la sensualidad.

Noctámbulo en el teleférico del éxtasis,
un cigarrillo moribundo meditaba en mis dedos…
bocanadas grises como traviesas siluetas
se dispersaban por la ventana
mientras el lunes ansioso calculaba
que su existencia era menos
de una hora y cinco minutos.

-¡Cuánto te extraño…

Amor mío!-

CUANDO SE DICE ADIÓS

Nunca se llega a comprender
el porqué de las vicisitudes
que suceden a diario.
Ni el pretexto o suposición
que tu media naranja te da
para decirte que 'todo se acabó'.
Y cuando esto te ocurre
en un abrir y cerrar de ojos,
tampoco entiendes por qué.
Sólo sabes que 'se terminó', y ya.

¿Por qué el amor se desenamora?
¿Por qué sientes morirte por dentro?
¿Por qué descobijas la tez
cuando el amor te dice "adiós"?
No te preguntes por qué,
porque el porqué no tiene
por qué contestarte por qué.

De momento descubres
que eres rehén de la soledad.
En menos de un segundo
los suspiros
se te extravían en el infinito.
Ya no te queda nada por qué vivir
y la misma vida
ha perdido su encanto.

Pero lo peor de todo es
que quién dijo
en ese fatídico momento
que se esfumó el sentimiento...
No precisó la magnitud

del daño que te causaba
o simplemente ya no le importó.
¿Por qué el amor se disipa?
¿Por qué te consume su ausencia?
¿Por qué te obsesionas
cuando el amor te desecha?
No te preguntes porqué,
porque el porqué no tiene
por qué contestarte porqué.

Cientos de veces he dicho
que la vida es una prostituta
y el destino un desgraciado bisexual.
La vida te ilusiona,
te seduce y conquista tu alma
obsequiándote una canasta
repleta de amor, felicidad y ensueños.
Todo tiene un precio
pero no necesariamente una garantía.
La cruda realidad es otra…
En ese deambular con la vida
reconoces que la luna no es de miel
ni se come con queso…
Que el sufrimiento y el desengaño
quiebran el alma dejando en bancarrota
los bolsillos de tu corazón.

En cambio, el destino te inventa
lo mejor de dos mundos.
Se complace en complacerte
con tal de confundirte.
Es un robo de identidad
que atropella y lacera
tus sentidos y pasiones.

Al final del camino,
su burla y cinismo
no dejan tregua a destruirte.
Quedas abandonado cual barco
que zozobra en las aguas
de una profunda incógnita.
Cierto es… la vida y el destino
son tal para cual.
Simplemente, cuando todo termina,
terminó y ni siquiera sabes cómo.

¿Por qué el amor se destruye?
¿Por qué asfixia tu pensamiento?
¿Por qué no te consuela el llanto
cuando sólo piensas en su amor?
Ya no te preguntes porqué,
porque el porqué no tiene
por qué contestarte porqué.

Ése es el punto,
la lógica sin lógica...
El qué de qué
cuando un buen día
tu alma gemela te dice adiós

sin importarle por qué.

EL VALS DE LOS CELOS

Esto que me ocurre con desespero…
¿Cómo puede suceder?
Acechar lo más recóndito en mi ser,
arrancar el sosiego de mi alma,
irrumpir sílabas de locura en mi cordura.
Inexplicablemente, ¿qué trama se discierne por mi mente?
¡Cómo y de qué modo se ha apoderado malditamente de mi!

Amada mía, ¿sabes con certeza cuánto te amo?
¿Cuántas batallas de emociones se suscitan dentro de mí?
Tú, testigo ocular de mi travesía entre volcanes violentos de duda,
¿nunca te asaltó a la intuición cuántas veces observaba
tu dormitar y palpaba tu piel desnuda?
¡Aún en contra del tenebroso deseo de culminar tu existencia!

Cientos de veces le he pedido a ese Dios
ponga fin a mi maquiavélico calvario.
Estúpido yo, al reclamar que ni el viento o el sol,
subyugasen tus sentidos por temor a perderte…
Rechazo esa impuesta inseguridad que me has regalado.
No puedo cancelar mi arrojo posesivo de apasionado amante.
Lo intento pero no puedo dejar de ser tuyo.
Has perturbado mi conciencia como ninguna otra.
Pero sé que en la envoltura de nuestra piel,
hechizamos el recuerdo impetuoso del amor
y que indeleblemente estás conmigo.

Esto que me ocurre, suele ser un torbellino,
no es como el melodioso vals de salón y ritmo aristocrático
que asimilando sus pasos de baile podrás disfrutarlo.
Esto decide ser una carcajada demoníaca que de mí se burla.
Igual que una incómoda máscara que no te puedes quitar.

Esto es sólo un instante repentino y tormentoso
con el olor asfixiante del infierno.
Te asesina los sentidos, atropella el cerebro,
el espíritu, apuñalándote con furia, sin descanso.

Buscas una señal de calma, de tregua…
Inventas un esfuerzo de sosiego que empañe la duda,
que tranquilice el temor que azota tus entrañas.
Es un sudor frío que humedece y consume tu cuerpo,
eligiendo un temblor brusco agitar
cada fibra de la tensa piel.

Es un tropel de pirañas hambrientas
devorándote sin razón, entre hiel y sal
en su última escena…
Es como si sintieras que la confianza
se debilita por momentos
y tratas de rescatarla y protegerla pero no sabes cómo.
Te preguntas… ¿por qué?
Y el silencio no responde.

Vociferas al tiempo, acorralado ante la distancia.
Se te acobarda la serenidad
en el callejón de la angustia,
en el vértigo de la ansiedad…
Te persigues absurdamente
sin dirección alguna
entre penumbras encadenadas al miedo.
Herido por espejismos de orgías egoístas.
Asediado y desnudado por la sospecha ultrajada.

Así, surge nuevamente la pregunta: ¿por qué?
¿Porqué?, si la amas desmedidamente…
Si, según ella,
eres el dueño de las llaves de su fidelidad,
del cerrojo de su corazón.

Intentas convencerte que sus sentimientos
y su cuerpo la dignifican ante la pureza;
¿Lo sabes? ¿Crees saberlo?
¿Sabes si sus ojos de gaviota
vislumbran el amanecer de tu alegría?
¿Es ella la ternura hecha mujer?
¿Es ella el lecho de tus dichas?
¿Porqué dudas? ¿Porqué no?

Soy el mismo hombre
que tus ojos una vez conocieron…
A lo largo y ancho de ese sendero
de besos y páginas de amor.
Acompañado de todos los sucesos de la vida,
con la pasión y sentimientos
que anhelan cada instante estrecharte junto a su pecho.
Sé, quiero creer que estamos unidos en medio
del perfume enamorado de la felicidad.

Esto que me ocurre hasta el punto de desfallecer…
Nunca será como el melodioso vals de salón de ritmo aristocrático
que asimilando sus pasos de baile podrás disfrutarlo.
Esto es otro diferente vals, sin melodía, un solo instante, repetitivo;
fugaz como el trueno, poderoso como el relámpago,
pero con el sabor desquiciante, machacado,
colérico, transcurrido, hundido sin remedio
en las tinieblas de los celos.

¿Porqué? Aún no puedo comprenderlo.

Pero estás aquí, ahora, conmigo… llena de intimidad.
Me besas, amor mío,

y todo lo **olvido**.

SERÁS…

Serás una orquídea vestida de lloviznas
que juguetona me muestre el amanecer.
Distinguida, pura, sutil a mis sentidos…
virtud desnuda embriagante de placer.

Serás como la apetitosa fruta fresca
que me permita saborear su jugosa pulpa,
única, deseada e inolvidable a mi paladar…
cual erótica experiencia gustativa.

Serás esa oportuna cálida ventisca,
júbilo retozante que su caricia me acompaña,
seductora amante, orgásmico matiz de alborada
que aturde mi sexo en los paseos por el parque.

Serás bendita poza de agua cristalina
que sacie mi sed de caminante…
nítida delicia que no se culmina,
solidario reflejo constante.

Serás el tiempo infinito de mi vida
que no se desapasiona a pesar de la distancia.
Serás bienvenida, serás la sorpresa ansiada,
posiblemente…¡todo!,

pero jamás ausencia.

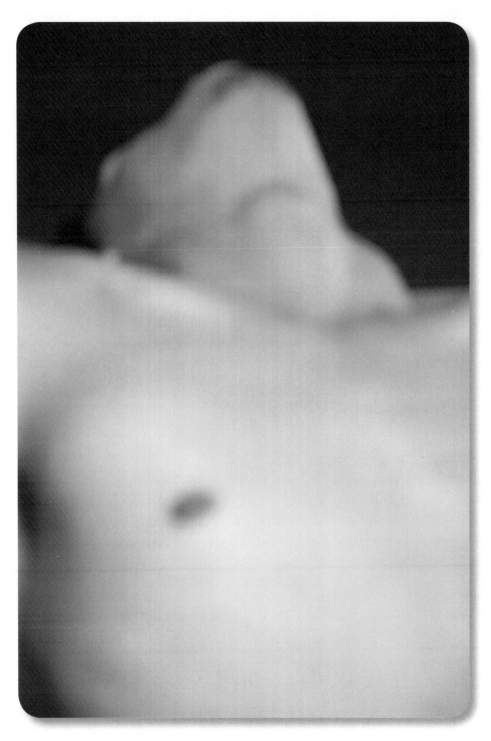

MODIFIED CONCEPT BY:
RAFI CLAUDIO AND MOCTEZUMA BRAUSSI

MODEL: WILBERT VALDIVIESO

PHOTO BY: RAFI CLAUDIO

INERTE

Quisieras darme con el soplo de tu aliento
la vida que animase mi ser…
Quisieras que el tacto de tus ojos
volviese a enloquecerme de pasión…
Pero, ya no puedes hacerlo.

Quisieras mi desnudez en tu desnudez,
que mi licor de nata espesa te inundase…
Quisieras de mi siembra la semilla
para luego su cosecha poder recoger…
Pero, es inútil intentarlo.

Quisieras mi sonrisa con tu sonrisa
improvisar un dueto a carcajadas…
Quisieras olvidar la duda y enterrar los celos,
rescatar mi profundidad con la tuya…
Pero… tú, escogiste lo contrario.

Quisieras poder no desear el deseo,
deshacer este errado, inesperado impulso.
Quisieras poder perdonarte lo imperdonable,
secuestrar el silencio y perderte en la mudez…
Pero ya eso no será posible.

Nunca sucederá, mujer.
¿Por qué? ¿Por qué?
¡Porque me arrojaste a los brazos
de la muerte!

VISUAL CONCEPT BY:
MOCTEZUMA BRAUSSI

MODEL: ALEXANDER PABON

PHOTO BY: RAFI CLAUDIO

LÁGRIMA

Gota de agua no de rocío,
de mi párpado inferior
te asomas desnuda…
Gota ínfima cristalina
que de algún escondite
te arrojas atrevida…
Tú conoces el mural de mis penas
y el lienzo de mis alegrías.

Gota de frágil textura,
húmeda huella silenciosa
que por mi mejilla te deslizas…
Gota de ternura herida,
dolida te formas
de un sollozo pesar…
Tú no temes mostrarte cual eres
ni te acobardas ante la traición.

Gota que naces pura,
que sabes a ola de mar
quebrantada entre los arrecifes…
Gota incolora sin rumbo,
reclusa fugitiva del amor
que no intentas ocultarte…
Si no fuese por ti,
nadie sabría de mi amargura.

Gota, gota bastarda,
te niego mi apellido
ya que a muchos poco le importas…
Gota que quedas huérfana,
deambulante con domicilio
que te resignas al olvido…
Tú enfrentas mi abandono con valor
y sencilla desapareces,

entre la brisa y el calor.

MAN WITH A VENICE GOLD MASK

MODIFIED CONCEPT BY:
RAFI CLAUDIO AND MOCTEZUMA BRAUSSI

MODEL: WILBERT VALDIVIESO

PHOTO BY: RAFI CLAUDIO

CENIZAS

Hojarasca de requiebros amarillentos,
vendaval de esperanzas náufragas
que lleva el alma a la deriva;
tuvo fragancia de estrellas,
procesiones de amantes,
anhelos dibujados en un lienzo
y pensamientos de un eco escondido
entre mil horizontes.

Fulgor blanco de un idilio,
rumor de besos en el tibio lecho
que desnuda el dolor de un recuerdo;
sintió el incienso del silencio,
lo fugaz y vertiginoso del tiempo,
la llamarada posesiva del amor
y el moho de los celos
envenenando al viento.

Enervante capullo virgen,
alborada de romances multicolores,
esbozo de un compromiso;
recibió llanuras de ilusiones,
surcos germinados de dicha,
arroyuelos raudos de pasión,
la fiel caricia de una brisa pura
que jamás abandona su cielo.

Playa de añoranzas inseparables,
parque de alegría, llanto y placer
que se desmadeja en el olvido;
entregó su derrota al destino,
perdió la dádiva de su felicidad,
el fuego impetuoso de su corazón
y quedó acongojado, maltrecho,
sin el sabor o el color de la ternura.

Son horas marcadas con anhelos, días de idilio…
escenas, vivencias, anécdotas.
Meses y años de ilusiones asidas de la mano,
cenizas escondidas en una urna de mármol milenario
que liberaste desparramadas

en lo profundo del mar.

"We are...
a latent truth
erasing absence,
a sequence flowing
mid-air. Sun and moon
barefoot in the sand, brine
curdling on the algae
of foam-strewn couplings."

CONCEPT BY:
RAFI CLAUDIO AND MOCTEZUMA BRAUSSI

MODEL: JORCELIE AGOSTO

PHOTO BY: RAFI CLAUDIO

VOLVERÁS…

Alguna vez, en cualquier momento…
Hoy, mañana, aquí o allá.
No importa…
Con razón, o sin razón
vendrás por la puerta del silencio que se abre
con el tiempo.
Y tras de ti, la esperanza;
como un tejido meticuloso
palpitando cuerpo, labios y corazón.
Existiendo sin saber por qué existes,
sin afirmación, con negación,
sacudida por la insistencia de tu quebranto…

Llegarás, cuando uno del otro
sea artificio de un recuerdo
y aquella calle de aquel septiembre
con sus incesantes vivencias
vacile un puñado de sueños revividos;
y los pensamientos y las caricias presentes
pernocten en el fuego y el frío
de unos versos para ti escritos…

Cuando te arreste el remordimiento
y el destino castigue tu huida.
Cuando esa ausencia me rinda,
y la soledad y la distancia
cesen de interrogar mis sentimientos
y el dolor confuso sea deshecho en mi pecho
como al viento lo fueron tus promesas…

Cuando ya no te busque
ni te espere…
Cuando todo simplemente sea vano.

Alguna vez…
En cualquier momento a pesar de ti,
con el arrepentimiento vestido en tu rostro.
A pesar de todo,
hoy o mañana, aquí o allá.
No importa…
Tú, ¡volverás..!
Pero yo,

me habré ido.

MEDITA ESTE YO EXISTIENDO

Entre la introspección y la regresión

PHOTOGRAPHY AND VISUAL CONCEPT BY:

MOCTEZUMA BRAUSSI

MODEL: MOCTEZUMA BRAUSSI

YO, SOY EL HOMBRE

Amigos, deliberadamente… la vida **no** es un absurdo.
Sólo una calesa de incógnitas engarruñadas
que se pasea por regiones de ansiedad y silencios gastados.
Una caleza arrastrada por corceles borrachos
en un núcleo de indefinidas solemnidades,
resonantes valses de confusión, odio,
racismo y mediocridades.
Acezosas hemorragias de creencias confabuladas
por el cíclope de la debilidad humana
que preserva categóricamente el síndrome del inconsciente,
nutrido éste por falsas apariencias.
Una calesa, sí… donde sus goznes yacen oxidados
por la sal de las incertidumbres.

Entre la vida y la muerte fracasó un aborto premeditado.
Insospechadamente, este yo que soy **yo**
tuvo por privilegio ' entre vivir y no vivir',
lo que por derecho resulta cuestionable, ¡nacer!

-Y resbalé de la placenta insatisfecha sin ser abolido,
perfumado ante el aroma impuro de antisépticos,
con una tímida e inocente mirada
apenas distinguiendo los rostros de blanco;
acicalada mi desnudez de sangre y líquido amniótico,
con una despedida de su nicho humedecido
y usurpado de aquel cordón umbilical,
con un 'no' porque <u>sí</u>
de sus inmensas y aventureras tetas.
De aquel sensual aposento percibí el rechazo,
de aquella ninfa la ausencia de su regazo;
y un crepúsculo con noticias de primavera
despertó mi realidad
con un llanto hambriento de ternura.-

Fue así que de ese accidente lúbrico en mi vida,
tornárosle acróbatas
los travesaños de tiempo y distancia
entre los espirales susceptibles
de una estampida de yeísmos rebeldes
al borde de un abismo impredecible.

La vida no es un absurdo, no…
Lo absurdo radica
en la intensa brea de sueños fantasmas
donde la existencia es una repetición
de sucesos sensibles en suspensión crónica;
un vértigo polifacético,
un laberinto de significado sin significados
ante el despoblamiento de un mundo de mendigos huérfanos
acosados por el miedo,
como excrementos hacinados de justicia sin juicio,
asesinados por la hambruna
de recuerdos penetrados oscilantes en el tiempo.

Introyección, proyección, identificación,
racionalización, idealización, sublimación,
conversión, compensación y transferencias;
todo esto que el psicoanálisis encasilla
como una trastienda de mecanismos defensivos,
no es más que un asentamiento humano
suspendido en un aro de cómplices involuntarios
en las irrigaciones hemorroidales.
Inusitadamente, un callejón sin salida
de ahogados preámbulos personalísimos
en el cuerno de la abundancia emocional.

Dícese que en el inicio del principio fue el verbo,
el hombre creado a imagen y semejanza por Él…
con todo lo visible e invisible, intelectual,
moral y espiritual del ser humano.
Pero, destinado sin ataduras a convivir
con el libre albedrío y sus consecuencias.
Puedo afirmar que en el largo combate con la naturaleza,
cuerpo a cuerpo con la tierra y sus elementos,
he aprendido que en la cosecha del labrador
su herencia fue el fruto;
y el fruto fue verbo cuajado en verso,
y el verso en fibras de fuego sin silencio,
insaciable, abrazado del alma.

Yo soy lo que no pretendo desvirtuar
en ese epiciclo fugitivo de la aventura.
Como nací y pude no haber nacido,
las interrogantes convivieron incestuosas
en rumores de dudas.
Conocí la desnudada precocidad de mi sexo
con todos los secretos eyaculados
de la insinuante adolescencia
dejando como un susurro seco la melancólica infancia.
Corrí de experiencia en experiencia, lloré con grito sordo,
milité con rebeldía, con audacia sublevada
todos los indicios que cuidan el olvido
y la agonía de la independencia.

Conocí la vida de la vida, la muerte de la muerte…
cuanto amé, quise, entregué o luego perdí;
quienes me amaron o a la postre me odiaron,
aún quedan vivencias estranguladas
y rasguños de amor de apasionados acontecimientos
en la encrucijada del recuerdo.
Donde estuve y no estoy, en esa antología de los astros
soy un número veloz perspirando
en la geometría de lo inaplazable;
allí encontrarán mis huellas.

Soy un gladiador combatiente teñido de sangre
que ha señalado la invariabilidad de lo intachable,
una plegaria que ha copulado
con la paciencia, compacta
apretujada al piro maníaco color del sabor.
Un escueto boceto de mi rostro
desmembrando los infortunios del destino
y un todo metafísico integrado en mis herencias.

Yo emerjo, yo soy…
Con nombre, fecha, vestimenta,
credo, cultura y bandera,
la libertad de un escultor que corta,
talla y resalta la madera en su virgen forma;
enaltecido por lluvia y fuego,
auténtico en la intemperie del orgullo
donde la luz y el viento
fueron testigos enervantes de mi cuna.

Amigos, extraños o conocidos… me da igual.
Heme aquí, tengo poco o mucho para ofrecerles.
Eso lo decidirán ustedes cuando me bese la muerte.
Debo continuar hacia la frontera
con el pasaporte y mi equipaje,
con un pasado y el destino verificando su agenda,
a pesar de treinta y seis viajes.

No esperen de mi dinero ni deudas…
O de darles la exclusividad de inventar historias.
Sé que como quiera ocurrirá.
Ustedes no dejarán escapar la oportunidad.

Sólo les dejo como legado
la tenacidad de mis hechos.
La sed de búsqueda del yo interno.
Una amistad que nunca traiciona.
Los sueños que unos conocieron y otros ignoraron.
El recuerdo de cada mujer
que acarició mi corazón haciéndolo suyo.
Esa sonrisa sincera cosechada en mis labios.
Todo lo que he escrito
atrevidamente o con miedo…
Y el deseo reprimido
de no haberme encontrado
a mi padre guadalajareño.

¡Dejo, sobretodo, al hombre…!
Y su perseverancia

como testimonio.

THE APPLE OF TEMPTATION

PHOTOGRAPHY AND VISUAL CONCEPT BY:

MOCTEZUMA BRAUSSI

INQUIETUDES... DESAMORES EN LA QUIETUD DEL RECUERDO

No fuimos ese primer amor.
Pero no, no hablo del amor de pareja.
Te falló la madurez, mujer.
Te ganó la insensibilidad, madre.
Imagino que nunca sabré porqué.
Y como de costumbre me diré:
-..."**porque el porqué no tiene
porqué contestarme porqué.**" -
En ti, sé que sólo fui
un accidentado desliz.
Siembra de una semilla no deseada,
la cosecha que nunca te apeteció recoger,
Juana De la Cruz.

Angela, sin embargo tú
me amamantaste con ternura,
hiciste tuyo mi corazón, todo mi ser.
Fui, la justificación adecuada
que opacase tu atribulada existencia,
el fruto bendito que te rescatara
de aquella dolorosa maternidad
trastocada por el 'mal de ojo'
y la envidia de la gente.
Tarde descubrí –luego de tu último adiós–
cuán necio e injusto de mi parte
rechazar tu amor maternal por mí.

Fue, quizás la sonrisa de niño.
Esta mirada ataviada de tristeza…
o esa versátil fluidez de mi verbo
lo que te cautivó por primera vez.
Sin duda el otoño, el invierno,
la primavera y el verano
no fueron ciegos ni extraños
ante nuestra refulgente pasión juvenil.
En mis pensamientos descansa
la olvidada realidad de la despedida,
escuchar de tu padre que lo **posible** entre nosotros
era **imposible, Carmen Nereida.**

Llegaste a mi vida, **Ana Isabel**
en un confuso momento.
Tú, virgen moza de Guayama,
alquilaste los cuartos de mi mente
y ocupaste mis abandonados sentimientos.
La cordura se nos perdió en la locura del éxtasis,
danzamos por las calles haitianas
enterrando a mi propio ser adolorido.
Todo esto, en complicidad con tu madre.
Contigo degusté lo agridulce del despecho,
me acarició la bofetada de tu indiferencia
al sentirte vencida por no lograr conquistarme.

Después de lo casi eterno,
o de tantos breves lechos húmedos;
vi, conocí tu rostro de Cleopatra,
admiré tu venusiana fisonomía.
Me enamoré de tu corazón de Julieta
como un tonto y apasionado Romeo
una tarde de invierno.
Éramos dos mundos opuestos
en un mismo rebelde Universo;
fidelidad no pude prometerte
siendo yo aún joven e imperfecto.
Te venció la depresiva jornada de la vida
y la infertilidad de tu vagina.
Ya no estás aquí, **María Teresa**.

Vuelve, tócame, bésame, sedúceme…
Norma Esther, ¡como antes, como siempre!
Posa tus delgados y suaves dedos
donde antes tus carnosos y ardientes labios
saborearon mi hombría haciéndome estallar
como una bala de cañón explosiva.
Regresa, siénteme, muérdeme, conquístame…
mi dormida amada, ¡ahora, otra vez!
Déjame sentir la vida que he depositado en ti,
permíteme imaginar que estás aquí…
aunque mañana, cuando el sol me despierte
descubra yo que he dejado de tenerte.

No hubo pausa, coma, punto…
ni tampoco signos de exclamación
que disimulasen el embrujo
que me causaste aquella mañana.
Esos luceros de color verde montaña,
el sonido de tu voz y el garbo de tu andar
me llevó a percibir que no había
otra fémina tan intensa como tú, **Milagros**.
Te intuí única, distinta, especial…
sutil pincelada de una rosa pepiniana
tan delicada, hermosa e inolvidable.
Caminé hacia ti sediento de cariño,
y empapado de la emoción
sucumbí ante las puertas de tu amor.
Te desbordaste en mi orilla
como un río sin cauce;
enamorada, me obsequiaste con el regalo
más preciado que jamás imaginé podría recibir…
¡la bendición de ser padre!
Pero no supe contener mis asuntos inconclusos
ni la enajenación de mis sentidos.
Tampoco pude reescribir y editar
la novela de mis pecados y decepciones…
y traicioné tu confianza.
Tu amor es, ha sido y sigue siendo
leal, fiel, comprometido, sacrificado…
Sólo sé, muy a mi pesar
que no supe merecerte.

Si hubiese sabido
lo que siempre supe y pretendí no saber…
hubiera evitado desde entonces
que tu mirada se cruzase con la mía,
impediría sin pensarlo dos veces
el sonido de nuestras voces al escucharse,
hubiese detenido de inmediato
el pálpito de mi corazón junto al tuyo,
y habría amputado
cada una de mis extremidades
que con su roce
te hubiesen acariciado.
A causa de tu piel humedecida en la mía,
secuestré mi aparente libertad
condenándome a una sentencia perpetua
en la mazmorra de tu amor.
Evidente febril fatuidad… **Dina Marie**,
porque dejé, asilé y deserté
a quienes no merecían
aquel insensible, egoísta detalle.
Si solamente hubiese imaginado
lo que imaginaba y pretendí no imaginar…
lo que nunca supe a sabiendas,
otro rumbo tendría mi existencia,
mi alma y mi sed de voluntad.

Fallecí y resucité cientos de veces

hambriento de lo que sin razón carecí.
Evelyn (Deidre), Renee Michelle, Vicky, Fay,
Solange, Miriam, Maline Maneewa…
además de ustedes, hubo muchas más
en ese trotar por la pista de la vida.
Lo sé… cinco mil otras
de lo que me arrojo a mencionar.
Infante, niño, adolescente fui…
hombre y ser humano soy existiendo.
Anduve, busqué, forniqué, estuve y viví
en esa viril, vibrante, vanidosa
y a veces vacía travesía…
de inquietud e inquietud,
ilusiones, amores

y desamores.

FULL MOON AT THE LAKE

PHOTO AND VISUAL CONCEPT BY:

MOCTEZUMA BRAUSSI

CONOZCAN AHORA
AL CUENTISTA...

UN REGALO EN UN BOLSO FOSFORESCENTE

Luce sumamente nervioso, inquieto, sin querer apartar la mirada del reloj. A su lado, en el asiento del pasajero lleva un regalo en un bolso fosforescente de manguillos amarillos, debidamente envuelto en papel rojo plateado adornado con un enorme lazo de color verde.

El hombre -sin llegar aún a las cuatro décadas- pareciese ser un jovenzuelo deshecho en gozo, hilvanando vivencias, dejando escapar por sus oscuras mejillas destellos de luz, borbotones de sueños y esperanzas. En la antesala de su mente afluía un danzón de emociones y felicidad.

La tarde huele a pino, pascuas y a buen pitorro. A lo lejos se escuchan los acordes musicales de los trovadores, los petardos ensordecedores y la alegre muchachería en medio del jolgorio familiar. El nacimiento del niñito Jesús y la llegada de Santa Claus, "el viejo gordo, barbú y colorao" protagonizan la emotiva tradición navideña.

Ese lunes, 25 de diciembre, a poco menos de las 5:00 P.M., aquel sencillo y humilde obrero de la construcción iba en dirección a la residencia de su amada. Conducía su vehículo vertiginosamente intentando acortar la distancia que le separaba para estar junto a ella.

Durante el trayecto, él no dejaba de pensar en ella y en todos los planes que realizarían juntos. Entonces recordó la última conversación que habían sostenido.

-Amor, mi amor…-le dijo ella con voz suave, deliberadamente sensual y romántica. Confiada esta vez de obtener su tan esperado pedido.

-Dime, preciosa…-él le contestó mirándole sin mirar a los ojos fijamente. Sintió sobre sí la mirada escudriñadora de su amada. Intuyó la celada que le tendía. No era necesario ser adivino para saber que no tenía escape. Allí asomaba de nuevo la pregunta: incisiva, determinante, impostergable. Se dio cuenta de que ya no podría seguir eludiéndola, que la paciencia tiene un límite y ese límite había llegado a su fin. Ahora, la pregunta era: ¿cuán seguro **él** estaba de dar el paso?

LA APUESTA

(DOS DÍAS ANTES DEL SÁBADO)

En una concurrida repostería un curioso plan -lejos de absurdo- se fraguaba entre aquellas dos personas, cómplices de un secreto.

-Recuerda… una vez estén en "el asunto", asegúrate de llevar a cabo lo planeado. Utiliza tu sensualidad, agítalo lo suficiente… ponlo como caramelo en su punto. Cuando menos se lo espere… júipiti, ¡hasta el ñame! Zumba y bombea, je, je, je… Si no se queja o hace algún amago, entonces, tendremos la prueba de que le gusta "con calce". No te olvides del "dildo" y el lubricante… seguro que le darás buen uso.

Je, je, je, je… esta es la oportunidad que esperábamos, el momento de la venganza, bajarle los humos a ese tipo y quitarle el "guille" que tiene. Ya es tiempo que se dé con el cura de su pueblo. ¿Conseguiste quién tome las fotos o haga el vídeo?

-Pierde cuidado… ya todo está preparado. ¿Cómo está el guiso? ¿Hay mucho entusiasmo?

-Muchísimo. Nadie cree que lo lograrás. Él tiene mucha credibilidad. Sólo tienes que lograr tu meta y estarás ganando ¡más de lo que te imaginas!

-Sabes bien que no lo hago sólo por el dinero, es personal. ¿No sospecha nada?

-En lo absoluto. Se enterará el mismo día que venga a cobrar su premio. Je, je, je, je…

"AND IN THE END THE LOVE YOU TAKE
IS EQUAL TO THE LOVE YOU MAKE."

THE BEATLES

PHOTO DRAWING BY: STEPHANO

CPSIA information can be obtained at www.ICGtesting.com
Printed in the USA
BVIW120010021219
564990BV00009B/53